Biberon, vodka & déambulateur

Direction de la publication : Isabelle Jeuge-Maynart et Ghislaine Stora
Direction éditoriale : Élodie Bourdon
Édition : Mélissa Lagrange
Conception de la couverture : François Lamidon
Conception de la maquette intérieure et mise en pages : Nord Compo
Préparation de copie : Isabelle Chave
Relecture : Thomas Gabiache
Fabrication : Nicolas Jover

ISBN : 978-2-03-598956-7

Céline Holynski

Biberon, vodka & déambulateur

LAROUSSE

1

« Étirez votre colonne vertébrale et respirez. Maintenant ramenez doucement vos bras au-dessus de votre tête, en les écartant au maximum afin de former un bel arc de cercle. »

Aïe ! En suivant les indications du CD de yoga antistress, je viens de me cogner lourdement le bras contre le lampadaire posé un peu trop près de ma zone de relaxation. Il faut dire qu'elle est comprise entre le canapé et la multitude de cartons qui m'entourent en attendant d'être défaits. Un espace de détente d'un mètre carré n'est décidément pas suffisant pour une séance de yoga. Je ne sais pas si j'ai gagné en apaisement, mais je suis en revanche certaine d'avoir gagné un bleu. En ouvrant les yeux, je contemple l'étendue du chantier. Déjà de nombreux jours que cet appartement est ma nouvelle demeure et rien n'est encore rangé. La faute au travail mais aussi à une forme d'angoisse que j'ai du mal à identifier. « Un emménagement est un renouveau, un moment à la fois excitant et stressant. C'est le marqueur concret qu'on change de vie. Une réflexion sur le temps qui passe. » Ce constat n'est pas de moi, mais d'un article issu d'un magazine psycho trouvé sur le Net hier soir, au moment où une petite vague de panique a considéré que j'étais la plage idéale sur laquelle venir s'échouer. Ces quelques lignes ont eu le mérite de m'apaiser et de me rassurer le temps que je m'endorme. *A priori* tout est normal. C'est que ce n'est pas anodin de déménager ! Qui plus est pour une personne comme moi, qui gère assez mal le changement. Je me souviens encore du jour où ma marque de céréales préférées a revu le graphisme de son emballage. J'ai mis des jours à me remettre du relooking de Loopy l'abeille… J'avais 21 ans !

Pour autant, sachez que j'ai tout pour être heureuse. Je n'ai absolument pas à me plaindre ! Cet appartement est la concrétisation de mon union avec mon petit ami Ewen. Après huit mois de relation, il nous a semblé que c'était le bon moment… Nous avions déjà évoqué l'idée et l'effondrement d'un bout de plafond sur mon lit a largement contribué à nous décider ! Cette nuit-là, dans mon studio daté, j'ai remercié ma vessie hyperactive de m'avoir extirpée du sommeil pour la seconde fois. En revenant des toilettes, j'ai eu de la peine pour mon oreiller, étouffé sous un tas de gravats, mais j'en ai eu davantage pour moi encore, en me revoyant précisément au même emplacement quelques minutes plus tôt. Sans cet incident, nous aurions sûrement attendu encore un peu avant de nous installer. Néanmoins, la probabilité de mourir à domicile, assommée par une poutre, a accéléré mes envies de vivre en couple. J'ai alors quitté mon foyer délabré qui avait fait office de refuge lors de ma dernière rupture amoureuse. Malgré la vétusté de l'endroit et les souvenirs douloureux qui y étaient rattachés, en le quittant, j'ai été surprise de ressentir un pincement au cœur. Après que Saleté a rompu avec moi et m'a mise à la porte (Saleté étant un des nombreux surnoms octroyés à mon ex), ma meilleure amie, Maddy, m'avait trouvé ce studio en urgence, situé quelques étages en dessous de chez elle. Un peu miteux, il avait eu l'avantage de m'offrir un toit sur la tête rapidement et la possibilité de rendre visite à mon amie en quelques marches d'escalier. Un trou béant plus tard, un de mes regrets avait été de renoncer à cette proximité immédiate avec elle.

Mais depuis près de dix jours, Ewen et moi sommes les heureux locataires d'un joli appartement lumineux, qui, en plus d'un plafond sain et sécurisé, dispose même d'un balcon avec vue sur jardin. Pour Paris, autant dire qu'il s'agit d'un luxe que Stéphane Plazza qualifierait de *amaziiing*. Pour couronner le tout, il est situé à quelques rues du salon de thé tenu par mon petit ami et ses deux sœurs. Et, croyez-moi, pouvoir déguster à toute heure quelques roulés à la confiture de framboises, réalisés par Gaëlle, la belle-sœur la plus enviée de toutes les filles en couple (pour celles qui raffolent des confitures bien sûr), est une compensation non négligeable.

Ewen et moi cohabitons donc en prenant nos marques petit à petit. Ou plutôt, son côté ordonné cohabite avec mon penchant créatif (bordélique). Malgré les meubles de rangement encore en kit, Ewen a improvisé une petite penderie dans ses cartons. Tout est à sa place. De mon côté, je m'agite au milieu d'un monticule d'affaires où se côtoient indifféremment chaussettes pilou-pilou et ouvre-boîtes… Hier, j'ai même retrouvé ma machine à gaufres au beau milieu des cartons de livres. Le gaufrier semblait las et résigné de ne pas avoir de pâte à faire dorer et engloutissait négligemment un vieil exemplaire du *Chien de Baskerville.* Le plus déroutant pour moi est que je me pense méticuleuse et méthodique mais me vois perturbée à la moindre fluctuation. Voilà pourquoi j'aime quand les choses se déroulent dans un cadre clair et préétabli. Cela pondère un peu mon agitation mentale et mes débordements émotionnels. En somme, je suis de celles qui se noient dans un verre d'eau et décident de plonger dans une baignoire pour s'en sortir. Mais depuis quelques mois j'ai décidé de développer mon sens de l'adaptabilité. Pour ce faire, j'ai dévalisé le rayon développement personnel de ma librairie et pars à la conquête du Satori. Quand, amusé, Ewen me demande de lui expliquer le concept, je lui rétorque que le Satori n'est pas une chose qui se comprend intellectuellement. C'est une expérience à vivre, une harmonie du corps et de l'esprit. De vous à moi, la définition du manuel m'arrange bien, je suis très loin d'en comprendre tous les principes… Mais je m'accroche…

Je me lève et un rapide coup d'œil à ma montre m'indique que j'ai encore une demi-heure avant de devoir quitter la maison pour me rendre au travail. Je ne commence qu'à quatorze heures. Un rayon de soleil pénètre dans mon salon et le balcon me tend les bras. Malgré les températures fraîches en ce mois de février, j'aime y passer du temps. Les vrais citadins, privés d'un bout de gazon pour se ressourcer, se précipitent sur le moindre extérieur qui leur est offert. Emmitouflée dans un gros gilet, je me sers alors un thé et me pose sur la petite chaise de jardin qui a tout juste la place de tenir. Je lance un épisode de *Mr Bean* sur mon téléphone et glousse devant les maladresses de ce personnage que je considère parfois comme mon alter ego masculin. Malgré la bonne humeur qu'il me procure, une gêne vient contrarier mon moment de détente. Une petite sensation irritante. À l'instar de ces fois où, en pleine discussion, quelqu'un nous tire sur la manche de façon répétée. Ce n'est pas douloureux et il faut même un certain temps pour identifier d'où provient l'inconfort. Mais cela perturbe la concentration. Je baisse le volume de ma série pour tenter de comprendre.

— Chuuuuut !

Ah voilà ! C'était donc ça… Je vous présente madame Bergeoise, ma voisine du dessous.

Je connais son nom, parce qu'elle me l'a répété au moins six fois au cours de notre première rencontre, lors de mon emménagement. C'est, entre autres choses, une « chuchuteuse » professionnelle… Elle me chuchute dès que je passe un coup de téléphone sur mon balcon ou que je parle trop près de la fenêtre ouverte. Avec tout l'air qu'elle expulse, j'ai très envie de lui installer une éolienne devant la bouche, histoire d'alimenter tout l'immeuble en électricité. Mais c'est aussi une dame d'environ soixante-dix ans. Et ma mère m'a souvent répété qu'il fallait respecter les anciens… Je me demande bien de qui elle tient ça d'ailleurs… Quand je repense aux propos de ma grand-mère qui, elle, me confiait que l'âge avancé d'un individu n'était pas un passe-droit à toutes les incivilités… Plus précisément sa phrase était : « Si une vieille personne a encore l'énergie de t'emmerder, c'est qu'elle a encore l'énergie de recevoir ta riposte. »

Au sujet de madame Bergeoise, le dernier élément à préciser c'est qu'elle est aussi présidente du syndic de copropriété. Une information qu'elle n'a pas manqué de me délivrer alors que je faisais des allers-retours les bras chargés de cartons. Et sa phrase de bienvenue a été pour le moins surprenante :

— Dis donc… qu'est-ce que vous transpirez… ! Nous sommes en février, il ne fait pourtant pas si chaud…

— C'est que c'est un peu lourd…

— Je vois ça… Je suis madame Bergeoise… Votre voisine du dessous.

Sur le moment, j'ai trouvé son nom agréable. Il m'a tout de suite évoqué la vergeoise, la cassonade comme on l'appelle chez moi dans le nord de la France. Avec son physique un peu rond, ses cheveux mousseux et son chandail couleur vieux rose, je me suis aussitôt imaginée lui tenir un peu compagnie chez elle, tout en dégustant une gaufre au sucre.

— Et je suis aussi présidente du syndicat des copropriétaires. Vous êtes locataire, vous, n'est-ce pas ?

— Heu… oui.

— Certaines choses ne vous concerneront donc pas. Cependant il faudra que vous respectiez plusieurs règles malgré tout. Nous avons une charte de bon voisinage. Il faut que vous l'ayez. Vous descendez la récupérer chez moi ?

— Là tout de suite ? C'est-à-dire que…

Ne voyait-elle pas que j'avais dans les bras un yucca presque aussi grand que moi, dont les feuilles pointues s'agitaient dangereusement sous mes yeux ?! Certes, il n'était plus de première fraîcheur, mais même en fin de vie un yucca mal négocié peut blesser…

— Je vais peut-être finir de m'installer avant ?

— Bien. De toute façon, vous savez où je me trouve. À l'étage du dessous, deuxième porte à droite. Vous verrez mon nom, je l'ai noté sur la sonnette. Madame Bergeoise.

— Entendu, je passerai.

— Rappelez-vous, sonnez à Madame Bergeoise. Ne traînez pas, c'est important.

À cet instant je me disais que le plus important était surtout qu'elle cesse de me tenir le crachoir, que je puisse déposer ma plante chez moi et soulager mes bras qui commençaient à entrer en tétanie.

Depuis, c'est elle qui est venue sonner à ma porte, et ce, à plusieurs reprises. Pour me remettre sa charte de bonne conduite bien sûr… mais aussi pour m'inviter à faire attention au bruit de mes talons sur le parquet. Je n'en porte pas. Ou encore pour me demander de vérifier ma machine à laver, responsable d'un bourdonnement intempestif dans la tuyauterie commune. Manque de chance pour elle, nous n'avions pas encore lancé de machine pour la simple et bonne raison que nous attendions sa livraison. Dorénavant, en privé, je l'appelle Gerboise, comme le petit rongeur. Elle fouine au moins autant que ce mammifère, bien plus sympathique qu'elle.

Pour l'heure, je décide surtout de quitter mon balcon en silence. Je peux bien me passer d'air frais pour le moment… mais j'angoisse d'avance pour les soirées d'été à venir…

2

« Tu es une fille au top ! Tu gères ta vie d'une main de maître et tu déchires, Camille ! Aujourd'hui est un jour particulier mais tout va très bien se passer, tu es forte, tu es… »

— … Bonjour… ?!

— Oh… bonjour Monsieur…

Ma voix vient de s'érailler autant que ma contenance. Telle que vous me prenez là, je viens de me faire dévisager par un voisin comme si j'étais une possédée en proie à un rituel vaudou… Depuis cinq minutes, habillée de ma nouvelle salopette en coton et à grand renfort de gestes dynamiques, je m'encourage à haute voix, face au miroir du hall d'entrée de mon immeuble… Mais ce petit incident ne suffira pas à me déstabiliser plus que de raison. Je ne m'astreins pas à réciter des mantras depuis des mois pour perdre confiance en moi pour si peu. Et le pouvoir de la pensée semble porter ses fruits. Encore un peu verts, les fruits, mais assez mûrs pour en extraire un petit cocktail d'assurance suffisant pour affronter le monde. La preuve ? Je ne vacille pas. J'ai confiance... Peut-être un peu trop. Forte des résultats obtenus sur mes interactions sociales, j'ai décidé, il y a quelque temps, de pousser l'expérience afin d'observer si la conviction mentale pouvait avoir des effets localisés sur le corps. Pour remédier à ma réalité capillaire qui consiste à n'avoir que trois mèches sur l'entièreté de mon crâne (dont deux ébouriffées en permanence), je me suis répété que j'avais une chevelure extraordinaire. L'idée m'est venue le jour où je suis tombée sur le dessin animé *Raiponce*. J'ai trouvé particulièrement désolant de réaliser que mes cheveux étaient moins beaux que ceux d'une fille dont la tignasse traîne H24 dans la poussière et la boue. Les résultats de ces essais cliniques durant trois mois ? Nuls ! Alors de deux choses l'une. Soit je n'ai pas été suffisamment persuasive, soit mes cheveux ont une vie autonome sur laquelle je dois accepter n'avoir aucun pouvoir. Je penche pour la seconde hypothèse. Mais je m'égare. À trente ans passés, on ne s'embarrasse plus de détails aussi superficiels que le désir d'une crinière de rêve. À trente ans, l'heure de la maturité a sonné. Même si je ne comprends toujours pas la bipolarité de mon cheveu qui ne sait pas se décider entre racines grasses et pointes sèches. Mais je m'égare encore ! J'ai souvent tendance à me perdre. Dans un parking, je peux tourner longtemps avant de retrouver ma voiture. Mon record s'élève à une heure dix. Je me souviens de ce jour où j'ai arpenté plusieurs fois les sous-sols, vérifié avec panique chaque place à de multiples reprises, à deux doigts d'appeler mon assurance pour vol de véhicule, avant de me souvenir que j'étais garée à l'extérieur. Mais je me dissipe aussi facilement en pensées. Posez-moi devant un bol de porridge et observez. Après deux cuillérées, vous me verrez sûrement me demander qui a bien pu avoir l'idée de cette bouillie, devenue l'un des petits-déjeuners les plus tendances sur Instagram (sachez que, depuis, j'ai la réponse). Alors évidemment d'aucuns diraient que la curiosité intellectuelle est une qualité à entretenir, mais le porridge, je le préfère chaud et pas englouti à la hâte après avoir réalisé que je m'étais mise en retard pour avoir réfléchi à l'origine d'un repas à base de flocons d'avoine.

Voilà pourquoi, dorénavant, j'aspire à devenir un mélange entre philosophe stoïcienne et Bouddha. La bedaine en moins. D'autant que j'ai en ma possession toutes les cartes pour atteindre le nirvana. La panoplie de la vie parfaite. Amour, santé, travail. Léo Ferré disait : « Le bonheur, c'est du malheur qui se repose, alors il ne faut pas le réveiller. » Je m'efforce donc de troquer mes gros sabots contre des petits chaussons.

Et aujourd'hui, j'ai un rendez-vous important, du genre qui marque l'existence…

Étant donné ce qui m'attend et d'où je pars, je me dois d'être la plus calme et alignée possible. Après une grande inspiration, je m'apprête à quitter le hall de mon immeuble. Le voisin croisé quelques minutes plus tôt revient, une baguette de pain sous le bras. Il a beau me détailler à nouveau de la tête aux pieds, mon assurance me pousse même à soutenir son regard et à le saluer tout sourire.

— Re…

— Oui, re…

Je perçois un flottement entre nous, mais je continue d'avancer, tête haute. Désolé mon petit monsieur mais, de nous deux, celui qui se sentira mal à l'aise, ce ne sera pas moi.

— Heu… Excusez-moi, m'interpelle-t-il.

— Oui ?

— Je crois que vous avez votre étiquette qui pend là…

Je cherche autour de moi, quand je la vois dans le miroir… au niveau de mes fesses ! La grosse étiquette, accrochée à la ceinture de ma salopette, qui pendouille éhontément, tout en affichant d'un rouge vif sa réduction de moins 30 %.

— Ah… ! Beh, beh… merci…

— De rien. Bonne journée.

Bien. Assurément mes oreilles n'ont pas pu prendre feu, c'est donc que la chaleur qui émane d'elles provient bien d'un petit *shoot* de honte.

Alors, certes, je ne maîtrise pas encore la plénitude, mais la philosophie bouddhiste que je connais (réinterprète) encourage à l'acceptation inconditionnelle de nos émotions. Je prends quelques instants pour me sonder intérieurement. Oui, voilà, c'est ça… Là tout de suite, à n'en pas douter, je me sens comme une gourde. Ou une cruche… Voire une cruche sans eau qui regarderait un vase grec. Ah tiens ! je me demande d'où vient cette tendance à détourner des noms de récipient pour leur attribuer les caractéristiques de la bêtise ? Oh, ça y est ! Je recommence mes divagations… Je me fatigue.

3

— Alors, mesdames… Maintenant inspirez doucement… Puis expirez… Inspirez, expirez… C'est bien. Durant l'accouchement, la respiration sera votre alliée principale… Ça et évidemment la main de votre compagnon, que vous broierez de toutes vos forces jusqu'à ce qu'il perde ses doigts…

Autour de moi les mamans s'esclaffent et se jettent des regards de connivence. Elles ont plutôt l'air détendu face à ce qui les attend. Comment font-elles ? De mon côté, je suis en panique. J'essaye de communiquer, mais mon cerveau est devenu instantanément dyslexique. J'ai bien toutes les lettres mais dans le désordre. Je redoute la douleur, les complications ou, pire, que le bébé estime que son campement douillet ne mérite pas d'être quitté avant la veille de son entrée au CP. Oui, mes craintes sont grandes et peut-être un tantinet abusives. Mais je reste terrorisée. Alors que je ne suis même pas enceinte ! Non, moi je suis présente à cette séance de préparation à l'accouchement en tant que membre indispensable au bon équilibre familial et émotionnel de la future petite Léa. En des termes moins pompeux, je vais être la marraine de la fille de Maddy. Et je prends la chose très au sérieux. Trop. Maddy me reproche d'ailleurs mon stress débordant. C'est sûrement pour cette raison qu'elle a rechigné à me laisser l'accompagner aujourd'hui. Jusqu'à présent elle se rendait à ces séances seule ou avec le futur papa, Nicolas. Mais je tenais à lui montrer que j'étais solide et digne de confiance. Je contrôle donc du mieux possible ma nervosité, tout en chassant les images sanguinolentes dignes des plus grands champs de bataille qui m'assaillent quand je pense à Maddy en train d'accoucher. Apparemment, je ne suis pas encore experte en camouflage mental puisque mon amie se tourne vers moi.

— Détends-toi, Camille ! Profite des exercices de respiration pour te calmer…

— Oh ! mais je t'assure, tout va bien. Je suis là, bien ancrée. Tu peux compter sur moi !

— Tu es aussi pâle qu'une feuille d'essuie-tout, poursuit-elle, un sourcil relevé.

— Non, crois-moi, tout est parfait. Forte comme un roc ! C'est juste que je n'ai pas eu le temps de petit-déjeuner ce matin, voilà tout…

— Hmmm… On ira t'acheter une salade de fruits en sortant. Il faut que tu prennes un peu de vitamines.

Et voilà. Je n'ai pas réussi à faire illusion. C'est elle qui est enceinte et c'est à moi qu'on prescrit de quoi se requinquer.

— Regarde, tout le monde est relax ici… On fait nos exercices, on discute, on plaisante…

Est-ce qu'un jour je verrai ma meilleure amie autrement que décontractée ? Même avec un petit être dans le ventre, elle reste cool. Moi, la simple arrivée d'un orgelet me fait passer des heures sur Doctissimo à la recherche d'indices attestant un début de cancer de la paupière ! Mais elle a raison. Relax, Camille. Relax. Depuis la nuit des temps les femmes ont des bébés. C'est la chose la plus naturelle au monde. Du temps de la préhistoire, elles accouchaient sans équipe médicale ni matériel, loin des salles parfaitement aseptisées… Elles n'avaient pas d'autre choix que donner naissance dans un coin de la grotte, sur une peau de bête, entre le mammouth destiné au ragoût et les baies pour le dessert… Et tout se passait bien ! Enfin, tout se passait bien, si le mammouth était mort bien sûr… Pas s'il débarquait au moment des contractions pour charger mère et enfant !

La voix de la sage-femme me sort de mon film d'horreur au temps de Rahan.

— À présent, une technique que vous connaissez bien. On s'en sert au début d'une contraction. Une inspiration par le nez puis deux expirations courtes, j'ai nommé…

— La respiration du petit chien !

Les mamans ont toutes répondu en chœur, sourire aux lèvres.

— C'est bon. Vous êtes toutes prêtes à accoucher demain, plaisante la sage-femme.

Je suis vraiment ridicule. Certes, mettre un enfant au monde est éprouvant mais c'est avant tout une source de joie. Toutes ces femmes en sont la preuve. Si elles ne montrent pas de signes d'angoisse, il y a encore moins de raison que moi, qui ai le ventre vide, j'en développe. Et quand je dis le ventre vide, c'est bien réel… Il gargouille aussi fort que le rot d'un troll.

— Donc c'est parti… On fait toutes le petit chien !

Les mamans s'exécutent. Maddy me fait un clin d'œil.

— Tu vois, on se prépare, mais dans la bonne humeur.

Je me détends et, à mon tour, me mets à respirer en trois temps. Je ne sais pas si je m'y prends mal ou si mon corps m'envoie le message que je ne suis pas prête à être mère mais j'hyperventile dangereusement.

— C'est ça, on continue…, encourage la professionnelle.

Ah, je crois que je commence à saisir le truc. Je regarde Maddy, espérant lui transmettre un message télépathique qui dirait : « Je suis l'amie et la marraine idéale. En cas de besoin, je saurai t'accompagner dans l'exercice. » On y est ! Je suis à fond dedans, pleinement impliquée.

— Bravo Mesdames ! Allez, on n'arrête pas. Le petit chien… On fait le petit chien.

— Waf ! Waf !

Tout le monde s'interrompt, les regards se braquent sur moi. Dans un élan d'euphorie, je viens d'aboyer… Est-ce que j'ai vraiment fait ça ? Non ! Ou alors c'était un très léger aboiement de toutou… Pas si fort que ça finalement… Presque plus comme un raclement de gorge d'ailleurs. Oui, j'essaie de me convaincre là…

— Pardon ! Je ne sais pas ce qui m'a pris.

L'air décontenancé, Maddy m'observe puis enchaîne :

— En même temps on fait le petit chien mais au moment d'accoucher je pense que je vais finir par imiter tous les cris d'animaux. Même ceux qui n'existent pas, conclut-elle d'un rire franc, suivie par le reste du groupe.

Ouf ! Merci Maddy de m'avoir évité de prendre la fuite en *moonwalk*. Pour autant, je pressens que la marraine que je suis vient de perdre le droit de porter l'enfant à la maternité.

— Maintenant, passons à vos questions sur le thème du jour : à quoi peut-on s'attendre en salle de travail ? Déchirure du périnée, épisiotomie… Posez toutes vos questions. Même celles qui vous semblent un peu bêtes. Ici pas de tabous, pas d'interdits.

À l'entente du mot « déchirure », mon œil vient de faire un tour complet dans son orbite. J'interroge ma meilleure amie avec l'articulation chaotique de celle qui aurait fait un AVC :

— Aujourd'hui on va parler de… déchirure. Parce qu'il y a un thème différent à chaque fois ?

— Oui…

— Ah ! c'est super ça, c'est super… Et celui de la fois dernière c'était quoi ?

— Heu… l'alimentation du bébé…

— Hmmm… chouette thème aussi.

Et pourquoi je n'étais pas plutôt présente le jour où ça papotait lait maternel et purée en petit pot ? Voilà un sujet de discussion de premier ordre ! D'autant que je suis quand même la personne la mieux placée. Ma belle-sœur prépare des confitures, mon petit ami les vend et, moi, je les mange ! Il est évident que j'aurais pu apporter ma grande expertise sur l'écrasé de banane ou la réduction de fraises en soupe. Mais non ! Il a fallu que je me retrouve le jour où nous allons joyeusement parler de plaies ouvertes, d'incisions, de chairs coupées… Oh ! je me sens mal.

Une jeune femme lève timidement la main pour prendre la parole :

— Moi j'ai une question, mais elle est sûrement idiote…

— On ne se juge pas ici. Rappelez-vous. Toutes vos interrogations sont importantes étant donné que ce sont les vôtres.

— D'accord… Disons que moi je redoute une chose et… pardon, j'ai un peu de mal à le dire…

— Prenez votre temps.

— C'est que j'ai un peu honte…

— Rien n'est jamais honteux, on vous écoute.

— OK. Alors je voudrais savoir comment ça se passe si on défèque sur la table de travail ?

— Voilà une très bonne question… Merci de l'avoir posée.

STOP ! Quoi ? Comment ça, « déféquer sur la table » ? Mais non ! Je refuse cette image. Laissez-moi donc dans l'ignorance. Que je continue à vivre avec le mythe du bébé qui sort tout propre et que l'on dépose sur la poitrine d'une maman radieuse et encore maquillée.

— Sachez que c'est une inquiétude légitime qu'ont bon nombre de femmes.

Je confirme. Je viens tout juste d'apprendre l'existence du phénomène et c'est devenu en quelques secondes l'une des plus grandes angoisses de ma vie. Ceci étant, relativise, Camille ! Tu n'es pas plus enceinte qu'il y a une demi-heure et rien ne dit que tu feras partie de celles dont les excréments feront office d'offrandes au personnel médical.

— Et, surtout, cela arrive à quatre femmes sur cinq.

Je rectifie ! C'est devenu LA plus grande angoisse de ma vie.

— Plusieurs raisons à cela. Tout d'abord, les efforts de poussées bien sûr. La tête du bébé a tendance à taper en arrière sur le rectum et donc à provoquer la défécation.

Ça y est ! Ma tête oscille légèrement de façon autonome et je me mets à délirer : « Je vous salue Marie, pleine de grâce, le Seigneur est avec vous… »

— Ensuite, le principal responsable est la péridurale. L'anesthésie évite les douleurs lors des contractions, mais le sphincter anal est lui aussi relâché...

« ... Vous êtes bénie entre toutes les femmes et... » Hein ? Quoi ? Veuillez me pardonner, sainte Marie, je reviens vers vous dans un instant. Qu'entends-je ? Donc si je résume, on a le choix entre subir un écartèlement en pleine conscience ou se faire caca dessus publiquement ? On me proposerait de choisir entre un bras en mousse ou une jambe en spaghetti, que je réussirais davantage à me décider. Avec tous les progrès de la science, personne n'a encore trouvé de quoi empêcher les souffrances tout en conservant un petit sphincter tonique ?! Je crois qu'il est urgent de créer une pétition en ligne ! Qu'attend donc le milieu scientifique pour se pencher sur la trouvaille que le monde entier réclame ?!

— L'idéal étant d'utiliser un laxatif avant si vous le pouvez. Quoi qu'il en soit, ne vous en faites pas. Si cela vous arrive, il est très probable que vous ne vous en rendiez même pas compte. Et le personnel est habitué à gérer ce genre de situation. De toute façon, le jour où l'on donne naissance, le glamour passe au second plan, non ?

Pardon, mais faire ses besoins aux toilettes sans spectateur autour n'est pas ce que j'appelle le *must* du glamour.

Une future maman prend la parole.

— Moi, ce qui m'effraie, c'est d'avoir à subir une épisiotomie justement… Ma mère y a eu recours pour moi et elle m'a raconté que sa cicatrice est restée douloureuse encore longtemps après ma naissance…

Bien ! C'est acté. Nous allons donc converser boucherie. Je puise dans mon stock de self-control déjà bien entamé pour afficher une attitude digne.

— C'est compréhensible. Pendant longtemps, on nous a appris que l'épisiotomie devait être utilisée presque systématiquement pour un premier accouchement. Ce n'est plus le cas depuis une vingtaine d'années. Pour que vous vous figuriez en quoi consiste cet acte chirurgical, je vous explique ça de manière détaillée.

Non. Pourquoi des détails ? Les gens s'embarrassent trop souvent de détails, c'est bien connu. Je vous assure, madame, c'est inutile d'en dire plus…

— Il s'agit de pratiquer une incision de trois à quatre centimètres sur l'ensemble des muscles soutenant les organes génitaux, de la vulve à l'anus…

Tiens bon, Camille. Oui, tu commences à transpirer et une perle de sueur vient même de s'écraser sur ton nez. Mais tu ne dois rien laisser paraître. Tu es là pour soutenir ton amie qui, rappelons-le, s'est tenue à tes côtés durant toute ta période de deuil sentimentale déprimante et même dans tes envies de vengeance délirantes. Maintenant que tout va bien dans ta vie, tu dois renvoyer l'ascenseur. Allez, souffle !

— La sage-femme ou le gynécologue introduit une branche de ciseaux chirurgicaux et on ouvre le périnée, souvent de manière médio-latérale vers la droite ou la gauche…

Ne fixe pas cette porte de sortie, Camille. Bien sûr qu'elle te tend les bras. De longs bras couleur ocre avec, au bout, des mains en forme de poignées étincelantes qui t'invitent à les saisir pour quitter cet endroit… Mais tu es plus forte que ça.

— On recoud ensuite la paroi vaginale, puis le muscle releveur de l'anus et la peau du périnée…

Je me sens bizarre… Je ne ressens plus les extrémités de mes membres et des saletés de mouches se sont introduites dans mes oreilles. Je le sais parce qu'elles font un de ces boucans là-dedans.

— Mais, à ce jour, il est démontré qu'une déchirure est moins douloureuse et saigne moins qu'une épisiotomie dans les suites immédiates…

Tiens, c'est marrant, Maddy a deux nez… L'un au centre, l'autre sur la gauche. Et ses yeux ne sont pas très fixes non plus. Elle me regarde en les écarquillant et on dirait même qu'elle en a toute une ribambelle… C'est ça, une belle et grande guirlande de prunelles marron.

— Camille, ça va ?

— Mouiii…

— Tu es livide là…

— Nooon… Par contre, ça ne doit pas être simple pour toi de porter des lunettes de soleil avec tous ces yeux et tous ces nez…

— D'accord. Je crois vraiment que tu ne te sens pas bien.

— Tout est OK ma chérie… Tout est OK. Je contrôle la situa…

Ah bah non en fait. Je viens de tourner de l'œil.

* * *

Quand je me réveille, je suis entourée de monts et de vallées. Je cligne des paupières à plusieurs reprises et le paysage montagneux s'efface pour laisser place aux ventres des futures mamans qui m'encerclent. Maddy m'asperge d'un peu d'eau.

— OK. Comment t'appelles-tu ?

— Camille…

— Profession ?

— Réalisatrice.

— Âge ?

— 25.

— Pour de vrai !?

— 31.

— C'est bon, elle est revenue à elle…

Le groupe pousse quelques soupirs de soulagement pendant que je me redresse.

— On va vous quitter un peu plus tôt, reprend Maddy en s'adressant au groupe. J'en connais une qui a besoin de sucre et peut-être même d'un bon dessin animé avec des licornes… On file avant de devoir sortir Camille dans une civière…

Je fronce les sourcils. J'ai comme l'impression qu'on vient de décrire une enfant. Cependant je n'ai aucunement l'intention de m'offusquer tant mon envie de quitter les lieux est grande. Surtout quand toutes ces femmes, enceintes jusqu'au cou, m'intiment avec bienveillance de prendre soin de moi. Oh ! que j'ai honte… !

Une fois installée dans l'arrière-salle d'une boulangerie, attablée devant mon petit pain aux raisins et mon fromage blanc aux myrtilles, je reprends des couleurs. Maddy m'observe me goinfrer.

— Je n'aurais pas dû accepter que tu m'accompagnes, je le savais…

— Je suis désolée… J'aurais dû manger avant de venir. Je le sais pourtant, que j'ai une tendance à l'hypoglycémie…

— Tu es surtout hypocondriaque, Camille !

— Oh ! tout de suite les grands mots… !

Elle y va un peu fort. C'est juste que j'ai une imagination un peu trop débordante. Et c'est vrai que je n'aime pas la vue du sang et que je redoute les opérations chirurgicales. Je peux aussi m'emballer si je vois apparaître une tache sur mon corps. Aussitôt, je la trouve suspecte. Et il m'est déjà arrivé de crier à la pelade sous prétexte qu'une quantité de cheveux plus importante était tombée sous la douche.

OK, je suis peut-être un peu hypocondriaque.

— Je m'excuse. Je ne voulais pas être le boulet de service. Au contraire, je voulais t'apporter mon soutien.

— Oh ! ma patate, tu n'es pas un boulet ! Et j'adorerais que tu m'accompagnes à ce genre de rendez-vous, mais tu es qui tu es. Ce n'est pas grave... Tu ne pratiqueras jamais d'opération à cœur ouvert, mais on s'en remettra, me dit-elle tout sourire.

— Mais tu sais, une fois que Léa sera née, tu peux être certaine que je serai une marraine extraordinaire...

— Je n'en doute pas... Par contre, tu as du fromage blanc sur la joue..., ajoute-t-elle amusée.

— Oh ! mince...

Pendant que je retire à grand renfort de serviettes en papier mon masque laitier, une mère et sa fille d'environ quatre ans entrent dans la boulangerie. La fillette porte une adorable petite robe rouge à pois noirs qui rappelle la garde-robe vintage de ma meilleure amie. Avec ses cheveux bruns légèrement ondulés et son petit nœud dans les cheveux, on dirait la réplique miniature de Maddy.

— Regarde cette jolie puce... C'est ton mini-toi.

— C'est vrai qu'il y a quelque chose, répond-elle attendrie.

— Je suis sûre que Léa ressemblera à ça...

— Qui sait. Elle tiendra peut-être plus de son papa...

Maddy met un temps avant d'exploser de rire.

— Naaan... Avec ses yeux bleus et ses cheveux clairs, il ne pourra pas lutter contre mes gènes méditerranéens superpuissants.

Sûrement parce que nous observons intensément et avec un sourire niais la charmante petite créature, la maman tourne la tête dans notre direction. Ayant probablement l'habitude que les passants dévorent des yeux son joyau, elle nous sourit à son tour. Je me demande comment s'appelle cette enfant. N'allez pas croire que j'imagine qu'elle porte le prénom Léa. Mon esprit s'emballe vite, mais j'ai un tant soit peu conscience du taux de probabilité. Toutefois, si son prénom ne comporte qu'une syllabe, j'y verrai un message limpide : je serai une marraine sensationnelle malgré ma piètre prestation en tant qu'accompagnatrice aux séances de préparation à l'accouchement. Je me lance :

— Elle est adorable votre fille, comment s'appelle-t-elle ?

La maman s'adresse à la petite et l'invite à répondre.

— Tu dis ton nom à la dame, ma chérie ?

La petite laisse entendre un filet de voix si timide qu'il est impossible de comprendre.

— Il faut que tu parles un peu plus fort, mon ange.

La fillette est de bonne volonté et s'exécute à nouveau mais sa future carrière de chanteuse lyrique n'est pas encore à l'ordre du jour. D'où je suis, je n'entends toujours rien. Je décide de la soulager.

— Ne t'en fais pas ma puce, c'est moi qui viens à toi.

Cling, cling, clung, clang, clong ! Stop ! Je ne vais plus nulle part. Je suis figée. En revanche, mère et fille font trois bonds en arrière. Et pour cause… En me levant, je viens d'emporter la nappe, entraînant la chute de la tasse de thé de Maddy, ma cuillère et le pot en verre de mon fromage blanc venu s'exploser à mes pieds. Les contenants en plastique sont moins écologiques, certes, mais en cas de passage de Camille la maladresse, ils sont aussi moins dangereux… La petite famille emporte précipitamment éclairs et pain au chocolat sans que je sache si mini-Maddy porte un nom court, présage de mes compétences en tant que marraine. C'est bien ennuyeux. Les mains posées sur le ventre, mon amie m'adresse un regard habitué. Ça l'amuse, je sais que ça l'amuse. Pour autant, j'ai le pressentiment que je viens de rallonger de quelques semaines encore mon droit de toucher ma future filleule.

4

— Vous avez besoin de vitamine C, on dirait, me dit gentiment le vendeur en passant mes articles à la caisse.

— Oui, j'ai des projets physiques très excitants qui m'attendent…

Le jeune homme a un léger mouvement de recul et me considère, l'air incertain. Je réalise le malentendu, très certainement renforcé par mon ton de connivence.

— Non, je veux dire, j'ai des meubles à monter… J'ai emménagé il n'y a pas très longtemps. J'ai hâte que tout soit terminé…

— Ah… d'accord !

Le soulagement se lit sur son visage. Et mon trouble se ressent à la rapidité avec laquelle je m'emploie à ranger les bouteilles de jus de fruits dans mon sac avant de déguerpir du magasin. De toute façon, je n'ai pas le temps de « niaiser » comme diraient les Québécois. Une grosse journée m'attend. Aujourd'hui, c'est travaux manuels à la maison. En tout cas, c'est le projet. J'ai pris la décision de ne pas attendre le jour de congé de mon petit ami pour sortir les outils et me transformer en Madame Bricolette. Après tout, je ne suis pas moins douée qu'une autre. Il y a quelques années, j'ai même réussi à monter seule une étagère « Billy » d'Ikea... Certes, une des planches s'était effondrée au bout de quelques semaines, mais je suis persuadée que c'était dû à un élément défectueux plus qu'à mon manque de compétences... Car en matière de construction, je m'y connais. Mon village de Playmobil en est témoin. Quelle enfant de sept ans est capable de monter sans l'aide de ses parents une ferme entière, avec grue pivotante et silo ? Une architecte née, c'est évident ! Ce qui m'angoisse le plus, ce n'est pas la mise en pratique, non. C'est ma voisine : madame Bergeoise. En trois semaines, son attitude a déjà réussi à me créer des traumatismes. En considérant les réactions de ma charmante voisine face au bruit d'un simple éternuement, imaginez comme je redoute de planter un clou dans le mur ! Alors monter une armoire entière, avec comme contrainte le silence maximal... J'en ai des frissons d'avance.

Je rentre dans mon immeuble et je remercie l'ascenseur de se tenir à disposition dès mon arrivée. J'ai à peine le temps de refermer la porte, qu'une voix désagréable se fait entendre à mon oreille.

— La porte, s'il vous plaît... Retenez la porte, je monte aussi...

Mince. C'est Gerbille.

— Vous avez hésité à m'attendre, n'est-ce pas ?

— Oh ! mais pas du tout…

Bien sûr que oui. Je n'ai que deux paliers à partager en sa compagnie, mais croyez-moi, son aura de vilaine vous donne la sensation de l'avoir à vos côtés durant la traversée des cent deux étages de l'Empire State Building.

— Votre installation se passe bien ?

— Doucement… Avec notre travail, mon petit ami et moi n'avons pas encore eu beaucoup de temps pour déballer nos cartons ou monter nos meubles.

— C'est bien les jeunes, ça… Plus intéressés à s'occuper à l'extérieur que de leur intérieur…

Rrrrhhh… Cette manière de sciemment mal interpréter m'exaspère. Si je n'ai toujours pas de commodes dignes de ce nom, ce n'est pas parce que je passe mes journées en *rave party* !

— D'ailleurs je ne vous ai pas demandé… Vous n'avez pas d'enfant, vous ? reprend-elle.

— Non, pourquoi ?

— Pour savoir… C'est-à-dire que je suis un peu sensible au bruit…

Sans déconner ?! En voilà un scoop, madame la Chuchuteuse…

— Et c'est un immeuble calme ici, vous savez. J'aime autant ne pas avoir une famille au-dessus de ma tête…

Je peine à croire ce que j'entends. Comment ose-t-elle faire ce genre de réflexion ?

— Mais j'imagine qu'il y en a dans l'immeuble... des familles, je veux dire... Vous en faites quoi, des enfants, quand vous les croisez ? Vous les faites bouillir dans une marmite ?

Ah ! Aucun doute possible, ma moitié de blague ne l'amuse pas du tout. Mais je te remercie pour ces remarques intrusives, la gerboise. Je n'ai peut-être pas de bambin mais je vais te prouver que mon foyer m'importe beaucoup.

— D'ailleurs au sujet du bruit, je compte justement faire un peu de bricolage cet après-midi.

— Mais à quelle heure ? me demande-t-elle, l'air effaré.

— Comment ça ?

— C'est-à-dire qu'à quatorze heures je regarde mon émission et, à quinze heures, j'ai tendance à faire une petite sieste... Alors, le bruit...

Je n'en reviens pas qu'elle m'expose son planning ennuyeux pour m'inviter à reporter mes activités. Quelle sera la suite ? À dix-huit heures j'aime préparer mon repas dans le calme, à dix-neuf heures j'ai besoin de m'entendre mastiquer, à vingt heures j'écoute les informations volume 2, à vingt et une heures je dors... ? Ce n'est pas un appartement qu'il lui faut, c'est un monastère.

— Je ferai de mon mieux...

Vu son sourire qui s'apparente davantage à une torsion labiale après absorption d'un thé trop chaud, je note que ma réponse ne la satisfait qu'à moitié. Arrivée à son étage, elle me quitte sans un au revoir.

Une fois dans mon salon, moi, reine de chantier, j'observe la bête. Des planches, des vis, un manuel d'emploi… Je devrais m'en sortir… Je retrouve ma visseuse. Est-elle chargée ? Ouh là oui ! En l'enclenchant, j'ai failli me crever un œil.

Premier constat : pour vérifier l'état de marche d'un objet pareil, inutile de l'approcher si près du visage…

Je commence à assembler les planches et j'ai beau savoir que je suis dans mon bon droit, je m'efforce de monter le meuble le plus discrètement possible. J'arrête mes actions toutes les cinq secondes et après deux heures d'effort, ma penderie ressemble toujours à une vieille souche de bois perdue en forêt… Je peste (silencieusement) contre Gerbille, quand Ewen est de retour, un petit cactus à la main.

— Coucou mon ange… ! Je vois que tu as commencé les travaux…

— Hmmm… tu parles. J'ai tellement peur de faire du bruit que je n'avance pas…

— C'est un emménagement et on est encore en journée, tu as le droit…

— Explique ça à la voisine du dessous… Elle m'a menacée.

— Elle t'a menacée ? me demande-t-il sur un ton douteux qui ne me plaît guère.

— Oui ! En tout cas, elle m'a bien fait comprendre qu'elle s'opposait à ce que nous ayons des meubles décents…

— Oh ! carrément…, me rétorque-t-il amusé.

Ewen sait que j'en rajoute (un peu), mais c'est qu'il n'a pas encore eu droit à une rencontre en bonne et due forme avec Miss Tortionnaire. L'ignorant...

— Rigole, rigole... Tu verras quand elle viendra te sermonner sur la manière dont tu dois jeter tes poubelles... Bref, je vois que tu nous as acheté une petite plante ? C'est gentil ça, mon amour...

— Alors pas du tout... On vient de me l'offrir.

— Tiens donc ? Qui ça ?

— Eh bien une petite dame justement... Je l'ai croisée à l'instant. Sur le palier. Elle revenait de chez le fleuriste et elle discutait avec d'autres voisines... Elle m'a offert ça en guise de cadeau d'emménagement... C'est sympa, hein ?

Allez savoir pourquoi, mon cerveau m'envoie instinctivement le signal que c'est un piège. Une femme ? Dans notre immeuble ? Au courant de notre installation ? Ce ne peut être qu'une seule personne !

— À quoi elle ressemblait ?

— Oh... je ne sais pas vraiment. Une petite mamie, mignonne...

— Ne t'emballe pas avec tes adjectifs gratifiants... Est-ce qu'elle est coiffée d'une mise en plis meringuée et ressemble au professeur Ombrage dans *Harry Potter* ?

— Oh oui ! C'est ça. Exactement !

— Gerboise ! J'en étais sûre !

Je fonce en direction de la porte d'entrée pour coller mon œil au judas. Devant la porte de l'ascenseur, mon bourreau est bien là ! En pleine discussion avec deux autres dames de son âge et surtout un sac cabas dont dépassent un bouquet de fleurs et un sac de terreau. Mais quelle odieuse punaise ! D'abord, elle m'empêche de monter mes meubles sous prétexte de repos… et à moins qu'elle considère que cligner des yeux s'apparente à une sieste, il est clair qu'elle n'a pas respecté son programme. Non, elle est allée en balade. Ensuite elle décide d'offrir un présent à l'une des deux personnes vivant dans cet appartement et ce n'est pas moi ! Elle a préféré se mettre mon compagnon dans la poche. Enfin, elle choisit le cactus, une plante hostile aux autres et particulièrement résistante. La conclusion est limpide : Gerbille n'est pas une petite mamie un peu râleuse, c'est une cougar en rut qui a décidé de me déclarer la guerre.

5

— J'hésite entre un thème far west ou Los Angeles… Tu en penses quoi ma chérie ?

— Oh ! tu sais moi…

Ma réponse est laconique mais je reconnais qu'il m'est difficile de répondre avec enthousiasme. Ma mère se remarie bientôt et en tant que demoiselle d'honneur, j'ai droit à de nombreux appels Skype (sa récente découverte et nouvelle passion) pour discuter des détails de la cérémonie. Quand elle m'a annoncé son souhait d'officialiser sa relation avec Hubert, j'ai bien pris la nouvelle. Depuis la mort de mon père, quinze ans plus tôt, ma mère est restée seule. Alors qui mieux pour prendre soin d'elle que le plus vieil ami de la famille, j'ai nommé tonton Hub' ? Cet homme a le physique d'une tartine grillée mais la tendresse d'un camembert coulant. Associez les deux et vous obtenez l'un des plus grands réconforts gustatifs qu'il existe. Il en va de même pour Hubert, que j'aime comme un oncle. Je suis ravie de cette union. Ce qui me chagrine, en revanche, c'est le désir de ma mère de placer cette cérémonie sous le signe des États-Unis. Elle ne m'a jamais parlé de ce pays comme d'une destination de rêve. Et elle en est même à confondre encore *good bye* et *good night*…

Depuis toujours et malgré nos maigres moyens financiers, ma mère a toujours eu cette forme d'élégance et de classe discrète. Alors d'où lui vient cette soudaine envie carnavalesque ?

— Et le futur marié, il en dit quoi lui ?

— Il me laisse choisir. L'important c'est que ça me fasse plaisir, voilà ce qu'il me dit.

— Mais tu n'as pas envie de quelque chose de plus… sobre ?

— Oh ! mais justement, ce sera tout ce qu'il y a de plus simple… Hubert a prévu de ramener sa baraque à frites et les invités auront droit à autant de cornets qu'ils le souhaitent… Et nous avons un ami qui nous fournira une machine à pop-corn et une autre à hot-dog… Tu vois, ce sera à la bonne franquette.

Je vois surtout que ce mariage prend des allures de kermesse américaine. Va-t-elle m'annoncer qu'elle remplace son ouverture de bal par un tour de rodéo mécanique ?! Je commence à le redouter…

— Plus je réfléchis, plus je me dis que Los Angeles ce n'est peut-être pas la meilleure idée. J'ai peur que ça fasse un peu trop ding-ding…

— On dit « bling-bling », maman…

— Ah ! oui… Oh ! moi et l'anglais, tu me connais… Finalement je crois que le far west nous ressemble plus…

Non. Et en rien. Ma mère est couturière à la retraite et Hubert vend des frites sur la place du marché. Ils habitent dans le nord de la France et l'une de leurs activités favorites est de siroter une petite Suze bien fraîche sur la terrasse les jours de beau temps. Mais je soupçonne ma mère de vouloir ressembler à son idole : Caroline Ingalls dans *La Petite Maison dans la prairie.* Durant mon enfance, chaque midi nous devions regarder religieusement les aventures de cette famille. Neuf saisons plus tard, multipliées par les moult rediffusions, ma mère voue toujours une admiration sans bornes à son héroïne.

— Oui, je crois que c'est mieux… J'opterai peut-être pour la confection d'une robe en dentelle crème… Avec un petit col semi-montant boutonné…

Tiens, tiens… Ne serait-ce pas la tenue du dimanche de notre bonne vieille Caro ?

— Mais toi, ma puce, tu t'habilles comme tu veux, bien sûr…

Ouf ! me voilà rassurée. Je n'ai jamais été fan du look nattes et robe-tablier de Laura Ingalls.

— Si tu veux, tu peux même porter une tenue des années 60… Maddy pourra te conseiller. Tout est possible. Je ne m'attarde pas sur l'anachronisme. L'important, c'est que les gens s'amusent…

— Excuse-moi ? Parce que tu veux malgré tout qu'on vienne déguisés ?

— Ce n'est pas déguisé, allons… Il s'agit juste d'apporter une touche américaine à la fête.

Mais pourquoiiiii ?! Quelle est cette lubie ? Je n'ai jamais été en conflit avec ma mère. Et même très peu en désaccord. Nous sommes proches et son bonheur m'importe autant que le mien lui tient à cœur. Mais là, tout de suite, j'ai une furieuse envie de l'inviter à se repaître de burgers et de Coca-Cola jusqu'à l'indigestion. Mais quand va-t-elle enfin retrouver le bon sens et le chemin du gratin dauphinois ?! Je sens que je suis irritée, je préfère alors prétexter un rendez-vous professionnel pour couper court à l'appel visio.

Ewen me découvre, le visage renfrogné.

— C'est quoi cette moue ?

— Oh ! ce n'est rien…

Je tourne la tête et croise mon reflet dans le miroir. Je donne l'impression d'avoir avalé une huître avec sa coquille.

— C'est ma mère… Je pensais que ça lui passerait, mais non, elle veut toujours Ronald McDonald comme traiteur de mariage…

— Oh ! ce n'est pas si grave…

— Bien sûr que ce n'est pas grave mais tout de même… C'est une cérémonie importante. Pourquoi vouloir transformer ça en ranch pour danseurs de country ?…

— Si ça lui fait plaisir…

— Mais enfin, ce n'est pas de son âge !

Nom d'une flûte en carton, je viens de m'entendre… J'ai parlé comme un vieux politicien rétrograde. Ewen m'appréhende avec intensité.

— Tu es sûre d'être prête à voir ta maman se remarier ?

— Oui… enfin, je crois. Je ne pouvais pas rêver mieux que de la voir aux côtés de Hubert. C'était le meilleur ami de papa et il a toujours pris soin de nous. C'est juste que, quand je repense aux photos de mariage de mes parents, il y avait quelque chose de délicat, de raffiné, et là j'ai peur que ma mère soit…

Je m'arrête. J'ai honte du mot qui vient de me traverser l'esprit. Je me trouve odieuse.

— Tu as peur qu'elle soit quoi… ?

— Pathétique… dis-je en baissant les yeux. Je ne veux pas qu'on la trouve ridicule…

— Mon amour, qui pourrait bien la trouver ridicule ? Elle ne sera entourée que de gens qui l'aiment…

OK. Sans le savoir, Ewen vient d'enfiler un costume de lanceur de couteaux et je suis sa cible. Et pour une première, il a visé pile en plein cœur, le bougre. Car je comprends qu'en réalité, celle qui redoute d'avoir honte de sa mère, c'est bien moi. Au moins autant qu'une enfant de dix ans qui se trouve trop grande pour assumer ses parents qui l'accompagnent jusqu'à la grille de l'école. Comme s'il y avait un temps pour tout et que sortir des normes, c'était s'exposer à la raillerie. Je retire le poignard virtuel de mon plexus en me redressant. La douleur est encore un peu trop vive, je préfère éviter d'en parler et panser ma plaie avec un verre de vin. En me voyant servir le breuvage, Ewen m'informe d'une invitation.

— Au fait, la voisine du dessous nous a proposé de la retrouver chez elle pour un apéritif.

— Qui ça ? Gerboise ?

— Mon cœur, elle s'appelle madame Bergeoise…

— Sur son passeport, uniquement ! Je connais sa véritable identité, crois-moi ! Et tu lui as répondu quoi ?

Ewen déglutit. Si, si, je l'ai vu. Il hésite à répondre. Comme un candidat dans un show télé dont la mauvaise réponse entraînerait la perte d'une belle somme d'argent. Sauf qu'ici, ce qui se joue, c'est sa vie !

— Je lui ai dit que j'allais voir avec toi…

À mon tour de prendre un temps de réflexion. Un « oui » de sa part et je lui en aurais voulu d'avoir accepté. Un « non » et je lui aurais reproché de créer des problèmes de voisinage… En me laissant statuer, il me donne la responsabilité de la décision. Ooooh ! Que cette grand-mère est vicieuse, elle sait comment créer la zizanie. J'ai failli tomber dans son piège. Mais que nenni ! Ewen et moi sommes un couple uni.

— Très bien. Nous irons…

— Vraiment ? répond-il surpris.

— Bien sûr, une si charmante invitation ne se refuse pas…

— Waouh ! je suis fier de toi Camille… Peut-être que, dans le fond, madame Bergeoise est une gentille personne, qui sait ?

Moi, je sais ! Je suis parfaitement consciente de la manière dont elle procède. Mais je ne laisserai pas à cette vieille chouette le luxe de s'épancher auprès de tout l'immeuble sur mon manque de cordialité. À nous deux, maître Hibou.

6

— J'ai terminé le montage de la remise des prix des meilleures poésies du club de littérature… Je peux également faire un *making-of* de la soirée et en profiter pour annoncer les prochains rendez-vous culturels. On pourra le mettre en ligne sur le site avec un mot de passe et les invités les plus intéressés pourront ensuite le télécharger…

— Très bonne idée mon petit, très bonne idée…

Depuis six mois que je travaille en tant que réalisatrice et chargée de mission aux affaires culturelles et sportives de la mairie, mon patron m'appelle indifféremment « mon petit », « ma jolie » et, parfois, quand je trouve le temps (et le courage) de lisser les trois mèches blondes qui me servent de chevelure, j'ai même droit à « la plus belle ». Mais n'allez pas croire qu'il y a anguille sous roche. Yvon est aussi paternel que possible. Et je ne peux pas lui reprocher ces petits surnoms… Moi-même, et dans le plus grand secret, je nomme sa femme Carole « Maman Crabe ». Son petit gabarit charnu et sa démarche boiteuse m'ont aussitôt inspiré cette image dont je n'ai jamais pu me défaire. Yvon et Carole sont les meilleurs employeurs qui puissent exister. Leur familiarité est à la hauteur de leur bienveillance. Ils sont d'ailleurs particulièrement arrangeants. Dans cette petite ville de la banlieue parisienne, il n'y a pas toujours de grands évènements à couvrir. La rencontre des boulistes et la soirée méchoui étant classées dans le top 10 des manifestations les plus attendues, c'est dire l'étendue des festivités… Yvon a conscience de cette réalité et de mon bagage de diplômée d'école de cinéma. J'ai donc un emploi du temps aménagé. Il m'arrive souvent de travailler de la maison et quand le calendrier le permet (et que l'occasion se présente), il me laisse accepter des missions plus artistiques.

— Dites-moi, petite Camille, nous n'avons pas grand-chose ces prochaines semaines… Vous me rendriez un petit service ?

— Bien sûr…

— C'est pour un ami, maire de sa commune également… Il reçoit dans sa ville un spectacle, extraordinaire apparemment. De grands artistes… Et il aimerait quelqu'un de compétent pour immortaliser l'évènement…

— Un spectacle ? J'adore ça…

— J'en étais sûr. Je ne voyais personne d'autre que vous pour lui réaliser un petit film. Vous avez tellement de talent…

Gentil Yvon. Même là, il essaye de m'apporter des projets motivants. Sans me jeter des fleurs, il est vrai que, au cours de ma petite carrière, j'ai réalisé quelques clips très bien accueillis et j'ai tourné des sujets qui m'ont valu une bonne réputation dans le milieu.

— Je serai ravie de faire ça pour votre collègue.

— Vous êtes adorable. Vous prendrez un jour de congé le lendemain pour vous reposer… C'est à au moins deux heures de route d'ici.

J'apprécie l'attention mais tout de même, je ne suis pas en insuffisance cardiaque. Ce ne sont pas quelques kilomètres qui vont m'achever.

— Merci Yvon, ce sera inutile, je pense…

— Vous ferez comme bon vous semble, mon enfant… Je vais vous envoyer l'adresse et le nom de la maison de retraite.

J'accueille l'information par un silence circonspect. Il semblerait que monsieur le maire s'emmêle les pinceaux et en perde ses mots.

— Vous voulez dire « le nom du théâtre » ?

— Non, non. Le spectacle est destiné aux personnes âgées. C'est pour fêter les dix ans d'ouverture du lieu. Je crois qu'il s'agit d'artistes de mime.

Je rectifie. Ce ne sont pas les mots qu'il perd, c'est la tête.

— Un spectacle de mime… dans une maison de retraite ?

— Oui, voilà.

Rusé Yvon. Je comprends mieux sa proposition de m'offrir un jour de repos après mon intervention. Ce n'est pas un cadeau mais un dédommagement ! En temps normal, je n'aurais pas rechigné. Certes, filmer des seniors et un artiste peinturluré de blanc ouvrant une fenêtre imaginaire n'a rien de bien excitant… mais mon côté élève consciencieuse aurait pris le dessus. Aujourd'hui, l'idée de me retrouver au milieu de personnes ayant toutes dépassé les soixante-dix ans et, de surcroît, au sein même de leur repaire, m'angoisse. J'ai déjà bien assez à faire avec madame Bergeoise. Et je n'ai pas pris ma carte de membre au club du troisième âge, que je sache.

Cependant, il semble que la vie impose souvent aux gens une confrontation avec ce qu'ils redoutent le plus.

— Parfait, mens-je. C'est prévu pour quand ?

— Dans quelques semaines… Je vous transmets toutes les infos par mail… Et bien sûr, vous nous donnerez vos frais kilométriques. Allez ma jolie, sur ce, je retourne à mes petites affaires. Merci.

— Je vous en prie.

Yvon quitte le bureau et je retrouve mon écran encore ouvert sur le projet vidéo en cours. Je suis saisie par ce que je crois voir. Ce ne sont plus des invités dégustant des petits fours qui s'animent, mais un dentier géant qui s'agite et semble vouloir me croquer le bout du nez…

Mon Dieu, je crois que j'ai peur des vieux.

7

— Bonsoir, je vous en prie… Soyez les bienvenus.

Madame Bergeoise nous laisse entrer chez elle, tout en jetant un coup d'œil à sa pendule. 19 h 03. J'attends (j'espère) qu'elle nous fasse une remarque sur ces quelques minutes de retard, mais elle est bien trop maligne pour nous vexer et nous offrir ainsi l'opportunité de faire demi-tour sur le pas de la porte. Il y a trois jours, au détour d'un couloir en rentrant des courses, notre chère voisine et nous-mêmes sommes convenus d'une date pour partager ce fameux moment de convivialité. Étrangement, depuis trois jours, j'ai de vilaines démangeaisons capillaires.

— Voulez-vous qu'on enlève nos chaussures ? demande Ewen.

Et puis quoi encore ? Propose-lui de nettoyer ses carreaux, tant qu'on y est…

Je préviens, si elle dit oui, je prétexte une verrue plantaire extrêmement contagieuse.

— Oh non ! ne vous embêtez pas avec ça, répond-elle.

Grrhhh… Je regrette de ne pas avoir pataugé dans la boue avant.

— Passez au salon, j'ai préparé un petit apéritif. J'espère qu'il vous plaira.

Mais d'où lui vient ce ton mielleux ? Jusqu'à maintenant sa voix a toujours résonné comme une vieille porte métallique crissant sur un sol râpeux…

Bergeoise nous précède et nous traversons un couloir. Je profite d'être dans l'antre de la bête pour en découvrir plus sur elle. Des photos encadrées tapissent les murs. Ils semblent qu'elle ait des enfants. Au moins deux. Et peut-être même une maison de campagne, à en croire ce cliché de déjeuner familial sous un chêne.

En arrivant dans la pièce à vivre, je prends conscience du côté parfaitement soigné et ordonné de son habitante. Les meubles sont passés de mode mais parfaitement entretenus, des napperons ornent chaque espace vide et de nombreuses plantes en pleine santé agrémentent la décoration. Ewen ne manque pas de le remarquer non plus.

— Oh ! vous avez de très jolies plantes…

— Oui, en effet. J'apprécie le jardinage…

Quand je pense que, moi, je suis capable de faire crever une fleur en plastique… J'aime de moins en moins cette bonne femme.

— Et puis les végétaux s'épanouissent dans les environnements sains. Le contraire est aussi vrai… ajoute-t-elle en me jetant un petit regard entendu.

Bon sang ! En plus d'avoir la main verte, elle est télépathe ! Il est clair qu'elle vient d'écouter mes pensées et de me lancer une pique. J'en suis convaincue. Je comprends mieux son choix de nous avoir offert un cactus. Elle espère que j'enterrerai une plante capable de vivre sans eau en plein cagnard.

Gerbille nous fait signe de nous installer sur le canapé ; sur la table en verre du salon, nous découvrons un apéritif digne de Dionysos. Là où, pour moi, éplucher et découper en bâtonnets trois carottes agrémentées d'une sauce au yaourt relève de la fierté culinaire, la retraitée, elle, nous a carrément concocté un festin. Des verrines, des petits roulés, des terrines et même des grains de raisin découpés en tranches ! Des grains de raisin découpés en tranches ?! Qui fait ça, à part les *serial killers* ?

— Tout est fait maison…

Je ne peux m'empêcher de minimiser l'exploit. C'est sûr, la retraite ça laisse le temps de cuisiner…

— Allez-y, servez-vous…

Ma force mentale est en action. Il est absolument exclu que je participe à ce banquet du Diable. Je ne goûterai à rien !

— Dans les verrines vous trouverez une mousse de maïs avec un croustillant de lomo.

Ma force mentale est donc aussi grande que celle d'un paresseux. Je me jette dessus. Je n'ai aucune idée de ce qu'est le lomo, mais l'odeur est beaucoup trop alléchante.

— Oh ! mais que c'est bon !

Mince ! Le compliment est parti bien malgré moi. Gerboise s'enorgueillit et m'octroie un sourire pleinement satisfait. Je maudis mon addiction à la bonne nourriture.

— Que préférez-vous boire ? Je peux vous proposer de l'eau pétillante, un sirop, du vin, un petit muscat peut-être ?

Tu veux nous enivrer, je le sais. Mais arrière, diablesse ! Je ne succomberai pas à l'appel de l'alcool. Je me contenterai de me repaître de tes victuailles. Tu ne me verras pas soûle ce soir.

— Un sirop, ce sera parfait pour moi, merci.

— Et moi, je veux bien un verre de vin…

La maîtresse de maison quitte la pièce pour rejoindre la cuisine, nous laissant seuls, Ewen et moi.

— Dis donc, elle sait recevoir…

— Mouais…

— Quoi ?

— C'est louche…

— Oh ! Camille…

— Si, je t'assure. Je crois que cette femme, c'est comme un chocolat *Mon Chéri*…

— C'est-à-dire ?

— Elle est fourbe ! Pareil que la friandise ! Au début, le chocolat, tu le vois, il est appétissant, il te semble doux, sucré, inoffensif, et une fois que tu croques dedans, crac, il te gicle dessus ! Et tu te retrouves avec une liqueur infâme dans la bouche et sur le menton !

Ewen jette un œil inquiet à sa part de pâté en croûte, dont la moitié lui colle encore aux dents.

— Tu crois qu'elle cherche à nous empoisonner avec sa nourriture ?

Je prends un temps de réflexion à la façon d'un Sherlock Holmes en pleine enquête...

— Non. Ce serait trop dangereux. Vu son âge et son gabarit, elle ne prendrait pas le risque de se retrouver avec deux cadavres sur les bras dans son salon... À moins qu'elle ait prévu l'intervention d'un complice baraqué pour nous sortir d'ici et nous balancer dans la Seine...

Je tourne la tête et note qu'Ewen a fait disparaître son beau regard vert noisette au profit de deux grandes soucoupes interrogatives.

— Rassure-moi, Camille, tu as compris que je plaisantais ?

— Oui... bien sûr. Moi aussi. Évidemment...

Pas tellement en fait. Mon instinct continue à m'imposer la méfiance. Quand mère-grand nous rejoint, je décide de lui poser quelques questions.

— Dites, madame Bergeoise, depuis quand êtes-vous installée dans cet immeuble ?

— Oh ! depuis une bonne trentaine d'années... Je fais partie des plus anciennes habitantes... Pour ne pas dire la plus ancienne. Avec mon mari, nous avons contribué à faire de cet immeuble un endroit toujours propre et sécurisé.

— Et si je peux me permettre, madame Bergeoise, votre époux n'est plus là ? se risque Ewen.

— Vous pouvez m'appeler Françoise…

Ah d'accord ! Alors moi je dois l'appeler par son nom de famille mais mon petit ami a droit à du « Françoise »…

— Mon mari est décédé il y a maintenant huit ans des suites d'une maladie…

Je tente de chasser l'odieux murmure qui me traverse l'esprit : une maladie nommée Françoise la veuve noire, responsable de la mort de son époux. Quel vilain être humain je fais. Malgré son côté peau de vache, cette vieille dame est seule. Je ne sais pas quelle femme je deviendrais si Ewen partait avant moi. Mon cœur se ramollit. Nous sommes probablement parties sur de mauvaises bases, elle et moi.

— Désolé pour vous, ajoute Ewen.

— C'est le lot de beaucoup de gens… ajoute-t-elle en haussant les épaules.

Il faut que j'apporte ma contribution positive.

— En tout cas, merci pour cette invitation. Vous êtes une cuisinière hors pair, Franc… madame Bergeoise.

— J'en suis ravie… Entre personnes respectables, il faut savoir s'entraider…

Mon sourire se coince à mi-parcours. Quelle drôle de réponse… !

Mais pas le temps de faire davantage marcher la machine à réflexion. Notre hôte nous invite à déguster des croustillants aux olives qui font disparaître toute velléité de revanche à son égard...

Au moment de se dire au revoir, madame Bergeoise semble nous adorer. Ou, plus précisément, elle adore Ewen, qu'elle trouve charmant et si responsable pour un jeune homme de son âge. Me concernant, je n'ai pas eu droit à tant de compliments. Aucun même. Mais j'ai su mettre mes petites vexations égocentriques de côté. Après tout, le plus important n'est-il pas d'entretenir une relation détendue avec son voisinage ? Quand nous sommes sur le point de partir, Françoise nous propose même d'emporter son saladier en cristal dans lequel restent quelques-uns de ses sablés à la noisette, absolument divins.

— Je vous assure, emportez-les, je ne les mangerai pas...

— C'est trop vraiment... Et jamais je n'oserai emporter avec moi un si bel objet, je suis beaucoup trop maladroite. S'il reste chez nous ne serait-ce que quelques heures, je redoute le pire...

— Je confirme, ajoute Ewen en riant. Camille est bourrée de qualités mais il est important de cacher les objets fragiles.

— Si ce n'est que ça, je vous les enroule dans du papier aluminium. Je reviens tout de suite.

Son saladier dans les mains, madame Bergeoise repart en cuisine pendant que nous attendons sur le pas de la porte.

— Tu vois, c'était une bonne soirée… me glisse doucement Ewen.

— C'est vrai…

— Je suis content que tu aies accepté de lui laisser une chance. Finalement, c'était un moment agréable.

— Et on a si bien mangé… fais-je très sincère.

Quand la silhouette de la voisine refait surface dans le couloir, le téléphone d'Ewen se met à vibrer.

— Oh mince ! C'est ma sœur. On est lundi soir, j'ai complètement oublié que je devais passer au salon de thé pour aider à l'inventaire. Il faut que je la rejoigne avant qu'elle ne passe ici avec une massue. Françoise, excusez-moi, c'est impoli mais il faut que je file, j'ai une petite urgence…

— Mais bien sûr, allez-y. Merci pour votre charmante présence.

Ewen la salue puis dépose sur mon front un baiser à la hâte avant de se précipiter dans le couloir et de descendre par les escaliers. Une fois mon petit ami disparu, je me retrouve en tête à tête avec Françoise Bergeoise. Étrangement, son chaleureux sourire semble avoir été remplacé par ce petit pincement typique que je lui connais. L'atmosphère elle-même a l'air d'avoir changé… Comme une chute de température. Mais c'est sûrement cette satanée imagination qui me joue encore des tours.

— En tout cas, merci pour cet apéritif. C'était très aimable de votre part.

Ma voisine acquiesce.

— Oui, l'amabilité et la bonne entente sont importantes lorsque l'on vit en communauté, ajoute-t-elle.

Ses phrases énigmatiques résonnent comme des menaces. J'ai de nouveau envie de fuir.

— Oui, c'est exact, réussis-je à articuler. Bon, eh bien, bonne soirée.

Elle me tend alors le petit paquet d'aluminium. Je m'en saisis mais je rencontre une résistance. Ou plutôt une pression. Ses mains serrent les miennes et donnent l'impression de vouloir écraser les petits gâteaux.

— Bonne soirée à vous, Camille. Et faites attention à ne pas faire tomber les biscuits. Ce serait dommage qu'ils se cassent avant d'arriver chez vous.

Sur une dernière esquisse de sourire, Bergeoise referme la porte. Un frisson me parcourt l'échine. Je veux bien admettre que j'ai une forte propension à me faire des films, mais même un personnage de maître chanteur dans un thriller n'aurait pas été plus convaincant qu'elle.

Une fois de retour chez moi, j'observe le paquet. Je l'ouvre. Les sablés à la noisette sont en morceaux, tout effrités. On pourra dire ce que l'on voudra, mais pour une petite dame inoffensive, elle a une sacrée poigne…

8

— Est-ce que ça vous dit, un roulé fraise-abricot ? Ils sortent du four…

J'acquiesce avec le même entrain qu'une figurine de chien posé sur le tableau de bord d'une voiture. Maddy, elle, jauge un instant son ventre rond avant de répondre :

— Oh oui, d'accord… ! Je ne suis plus à quelques kilos près… répond-elle.

Dans le salon de thé de Gaëlle, les clients affluent doucement. Il n'est pas encore 11 heures. D'ici peu, la jolie salle à la décoration champêtre va se remplir. Certains se précipiteront pour s'installer en fond de salle, sous la verrière, d'autres braveront les températures encore fraîches en ce début du mois de mars et iront déguster un thé chaud dans la petite cour attenante. Les recettes de ma belle-sœur sont une addiction et l'endroit un régal pour les yeux. J'y retrouve tout ce que j'aime : mon petit ami, mes belles-sœurs, de la nourriture succulente et une atmosphère propice à la détente et à la rêverie. Alice, la cadette, arrive à notre table avec deux jus de fruits.

— Et voici de la vitamine fraîche. Orange, carotte, pomme et un zeste de yuzu, annonce ma belle-sœur. Alors Maddy, l'accouchement est prévu pour quand ?

— Dans trois semaines…

— Ce sera un petit Bélier, m'empressé-je de dire avant de le regretter.

Non mais quel intérêt de préciser le signe zodiacal de l'enfant à venir ?! Je tente de sauver la face.

— Enfin je crois… C'est vers avril les Béliers… non ?

— Oui, ma patate, me fait gentiment Maddy.

— Je n'y connais pas grand-chose… Mais c'est mignon, ça nous fait déjà un point commun, ma filleule et moi…

— Camille, tu n'es pas née en août ? me demande Alice.

— Si, mais Bélier c'est mon ascendant…

— Tu connais même ton ascendant ? Pour quelqu'un qui ne s'intéresse pas trop à l'astrologie, tu es bien renseignée…

Maddy explose de rire et si ma belle-sœur n'était pas adorable, je me serai vexée de m'être fait humilier par une jeune fille de vingt-deux ans. Heureusement, le bal des délices se poursuit avec Gaëlle, qui nous apporte nos pâtisseries.

— Bon appétit à vous.

Je salive à la vue de la crème chantilly déposée en macaron sur le bord de l'assiette et m'apprête à y goûter quand ma belle-sœur nous interroge.

— Vous avez un programme pour la journée ?

— Maddy vient m'aider à trouver une tenue pour le mariage de ma mère…

— Ah oui… Le mariage « spécial USA » ! ajoute-t-elle en riant.

— Ne m'en parle pas, ça me déprime…

— C'est vrai ? Avec Alice, on est à fond, on a déjà nos tenues…

— Quoi ? Mais comment c'est possible ?

— Ta maman nous a envoyé un mail avec le *dress code* il y a de cela un moment. On a choisi Hippie Chic, un petit clin d'œil à Woodstock…

Ewen fait son apparition en salle, l'occasion pour moi de l'interpeller.

— Mon cœur, tu savais que tes sœurs ont déjà leurs tenues pour le mariage ?

— Oui, moi aussi…

— Mais tu ne m'as rien dit…

— Disons que je ne voulais pas te contrarier davantage avec cette histoire…

Je fais la moue mais je reconnais que le sujet me picote et que je l'évite depuis plusieurs semaines.

— Mais rassure-toi, j'ai prévu quelque chose de basique. Chemise à carreaux, jean et santiags…

— Des santiags ? Pardon mais ça n'a jamais fait partie d'un basic de garde-robe… Où les as-tu trouvées ?

— C'est Nicolas qui lui prête les siennes… intervient Maddy.

Ah… évidemment. Le compagnon de Maddy est aussi excentrique qu'elle. Il est ostéopathe mais garde de ses années de jeunesse et de son passé de gogo danseur des accessoires dignes des plus grands cabarets. Il m'a déjà ouvert la porte de chez eux, habillé d'un costume de plombier plus qu'affriolant et je sais de source sûre qu'aucun robinet de leur appartement ne méritait réparation.

Je comprends que tout le monde met du cœur et de la bonne volonté. Tout le monde, sauf moi.

— La cérémonie est dans quinze jours et la seule qui n'est pas prête c'est la fille de la mariée…

— C'est pour ça que je suis présente, intervient Maddy… Je veux m'assurer que tu seras au top ! Et je pense qu'une petite robe « rockabilly » t'ira à merveille… D'ailleurs on ferait mieux d'y aller maintenant. À partir de quinze heures, j'ai les chevilles qui enflent et j'opte pour la position du cachalot échoué sur le canapé…

— Mieux vaut peut-être que tu rentres te reposer ?

— Ah non ! Comment veux-tu que je savoure le fait de me reposer si je ne fais rien avant ? J'ai besoin de me balader, de voir des tenues *vintage* et de rêver du jour où je pourrai remettre des jupes crayon et des corsets…

* * *

Dans la boutique, les yeux de mon amie pétillent. Au milieu des robes cerceau et des tops rétro, ma pin-up a retrouvé son environnement naturel. La vendeuse, une jolie blonde coiffée d'une coque à l'avant et allégrement tatouée, sourit à Maddy. Les deux se connaissent.

— C'est pour quand ? lui demande-t-elle.

— Dans moins d'un mois… Hâte de pouvoir réenfiler autre chose que des sarouels qui me donnent des envies de soupe aux pissenlits… Oh ! vous me manquez, mes petites beautés, dit-elle en s'adressant aux tenues accrochées au portant. Regarde, Camille, ce maillot de bain esprit Navy, n'est-il pas magnifique ?

Sur elle ? À n'en pas douter ! Sur moi, j'ai peur de ressembler à une dorade qui se serait emmaillotée dans un drapeau US.

— Tu veux que je te mette quelque chose de côté ? interroge la vendeuse.

— À vrai dire, on est ici pour Camille. Il faudrait lui trouver une tenue. Sa mère se remarie sous le signe des États-Unis.

— Oh mais c'est top ! Elle doit être super-rock ta maman.

— Moui…

Décidément, tout le monde s'accorde à trouver l'idée géniale. Je me sens bien conservatrice avec mes envies de robe sobre et élégante.

— OK, j'ai des super trucs. Tu veux plutôt partir sur quoi ? Années 50, 60 ? Ou sinon j'ai une super robe Gatsby...

Je hausse les épaules et implore Maddy du regard pour qu'elle vienne à ma rescousse.

— Ne t'en fais pas, je m'occupe de tout...

Après trois essayages, un premier constat s'impose : ce style ne va pas à tout le monde. Maddy le porte à merveille. Ses larges hanches, ses formes plantureuses et sa confiance en elle mettent le tout en valeur. Moi dans une robe charleston à franges, j'ai tout l'air d'un rideau qui aurait subi le quart d'heure de folie d'un chat. Mon amie finit par me tendre une pièce qui me semble plus adéquate.

— Tiens, voilà la petite « rockabilly » que j'imaginais. Je suis certaine qu'elle va t'aller comme un gant.

Je suis d'accord avec elle, je pressens que c'est la bonne. Je retire la précédente tenue et m'apprête à enfiler la nouvelle mais un cri m'arrête. Celui de Maddy.

— Oh merde !

— Qu'est-ce qu'il y a ? fais-je en sortant la tête hors du rideau de la cabine d'essayage.

Un peu décontenancée, je vois Maddy plantée au milieu de la boutique. De son côté, la vendeuse semble jouer au jeu de la statue. Elle s'est figée.

— Je perds les eaux ! Je vais accoucher.

Alors... j'entends les mots, je les comprends, mais je ne suis pas d'accord.

— Mais non, c'est impossible. Tu accouches dans trois semaines.

— Camille, approche, baisse la tête et regarde au sol entre mes jambes…

Mécaniquement, je fais ce qu'on me dit et constate :

— Oh là là ! OK ! D'accord ! Voilà, tu vas accoucher ! Pas dans trois semaines, pas dans deux semaines, pas dans une semaine, maintenant… !

Je m'agite de manière aléatoire et désordonnée. Je bute dans un portant et tente de me ressaisir. Ma meilleure amie est sur le point de donner la vie, je dois assurer !

— Alors, heu… Comment je peux t'aider ?

— Tu peux commencer par te rhabiller, tu es en soutif-culotte là…

— Ah oui ! J'y vais.

Dans la cabine, je n'ai jamais eu autant de mal à reboutonner un jean. Mes mains sont atteintes d'une maladie de Parkinson foudroyante. Il faut que je me calme !

Je retrouve Maddy, assise, une serviette entre les jambes.

— Il faut que tu appelles un chauffeur. Les contractions commencent.

— Oui, bien sûr.

Pendant que mon amie commence à émettre des gémissements de douleur, je me jette sur mon téléphone et commande une voiture. Ouf ! Il y en a une à proximité.

— C'est fait. Il arrive dans cinq minutes.

— Parfait.

— Je t'ai pris un van, je me suis dit que tu serais plus confortable. C'est mieux non ?

— Aaaaaaaahhhhh !

— Oui voilà, on va dire que c'est mieux.

Les yeux rivés sur le plan, je scrute le parcours de la voiture comme si je pouvais la téléguider mentalement et m'assurer qu'elle aille plus vite. À quelques mètres de la boutique, le chauffeur s'arrête. Mais il fait quoi celui-là ?! Le temps que je me pose la question, mon téléphone sonne.

— Allô ?!

— Bonjour, c'est votre chauffeur, il faudrait que vous me rejoigniez au bout de la rue, je ne peux pas arriver jusqu'à vous, un camion de déménagement bloque l'accès.

— Et nous, il nous faudrait un lit d'hôpital et un obstétricien. Mon amie va accoucher ! Alors on fait comment hein ?!

Nom d'une buse féroce, d'où me vient toute cette agressivité ? Ah oui, du stress... Maddy m'interroge de la tête.

— C'est le chauffeur, il nous dit de le rejoindre, la rue est bloquée.

— C'est d'accord... On y va...

— Pardon ?! Mais comment tu veux faire ?

— Camille, je suis enceinte, pas cul-de-jatte. Aide-moi à me relever.

Je m'exécute. La vendeuse passe devant pour nous ouvrir la porte.

— Félicitations et courage… Et au fait, je ne t'ai pas demandé, c'est une petite fille ou un petit garçon ?

— Une petite fille, répond mon amie.

— Alors je suis sûre qu'elle aura aussi bon goût que sa maman en matière de style…

— Peut-êêêtttrrre…

La vendeuse a essayé de conclure sur une note un peu tendre mais, en guise de réponse, Maddy lui a offert un bêlement de mouton aussi comique que guttural. Sonnée, elle referme la porte de sa boutique, tandis que j'évalue la distance. Il doit y avoir cent mètres avant d'atteindre le bout de la rue. On peut le faire !

— Allez, ma chérie, pense à respirer, le petit chien, le petit chien…

On avance plutôt bien, sauf au moment de passer devant le camion de déménagement devant lequel Maddy s'arrête le temps d'une contraction. Les jeunes locataires s'arrêtent dans le déchargement de leurs cartons pour observer la scène et me voilà de nouveau prise d'un pic de mauvaise foi :

— Eh oui, on en est là à cause de vous ! Parce que vous avez décidé de déménager aujourd'hui ! Comme par hasard ! Obligé de marcher jusqu'à notre taxi maintenant ! Je vous préviens, si elle accouche dans la rue, ce sera de votre faute !

— Camille… me réprimande Maddy.

La bande de garçons me regarde, interloquée. Je regrette aussitôt mes paroles.

— Pardon, excusez-moi… Viens ma puce… Avançons doucement.

— Attendez !

Un petit brun disparaît dans le fond du camion avant de réapparaître.

— Vous voulez une chaise de bureau pour vous asseoir ? Elle est à roulettes.

— Ça va aller, répond la future maman qui ne s'est pas encore dépliée totalement.

— On prend ! fais-je aussitôt. Vous nous accompagnez ?

— Bien sûr…

Maddy ne résiste pas davantage et le reste du chemin se fait dans les conditions d'une sortie présidentielle. Un des jeunes hommes pousse la chaise, pendant que les deux autres jouent les gardes du corps en intimant aux promeneurs de se pousser.

Quand nous arrivons devant le véhicule, le chauffeur prend le relais et se hâte d'ouvrir les portes.

— Je vous emmène à la clinique des Bleuets, c'est bien ça ?

— Exact…

— C'est parti… Vous avez de l'eau et des petits bonbons si vous voulez…

Je croise son regard dans le rétroviseur. Il semble réaliser que suçoter une friandise acidulée n'est pas la priorité du moment.

— Oui, bon… je… Allez, c'est parti, reprend-il en se raclant la gorge.

Maddy se cale et se concentre sur sa respiration. De mon côté je prends conscience qu'il faut prévenir le futur papa.

— Je vais appeler Nicolas…

— Tu peux, mais je pense qu'il ne décrochera pas… Il est à Reims pour un congrès d'ostéopathes.

— Un congrès d'ostéopathes ? Mais ça sert à quoi ? Ils philosophent sur la place des os dans le corps ? De la détresse du pauvre cubitus qui porte presque le même nom que le format des vins emballés pour des apéros à pas cher… ?

— Ne me fais pas rire, Camille, sauf si tu veux sortir la tête de Léa toi-même…

Pas besoin de voir le visage du chauffeur dans son entier pour affirmer qu'il blêmit.

Pendant le temps du trajet, je laisse bien une trentaine de messages à Nicolas, et ce, sous toutes ses formes possibles : répondeur, SMS, messages sur les réseaux.

Nous sommes encore à au moins vingt bonnes minutes de la clinique quand nous nous retrouvons coincés dans un bouchon. La tuile ! Le chauffeur est de bonne volonté et cherche comment s'en sortir mais impossible de se dégager de là.

— C'est très embouteillé…

J'observe Maddy qui sert les dents.

— Et vous n'avez pas une sirène ? lui demandé-je.

— Une sirène ?

— Oui, on ne vous fournit pas ce genre d'accessoires ? Comme pour les flics, un truc qui permet de faire s'écarter les bagnoles en cas d'urgence…

— Ah non, madame, on n'a rien de tout ça… Mais je reconnais que ce serait bien pratique… Sinon je peux imiter moi-même le bruit mais je ne suis pas certain du résultat…

— Eh oui… Il faudrait au moins le vrai son… Mais attendez, j'y pense, ça peut se télécharger par contre !

— Oui, il y a des sites qui sont spécialisés là-dedans…

— Bien sûr, j'en ai déjà utilisé pour mes montages vidéo.

Je me jette sur mon téléphone mais Maddy stoppe mon enthousiasme.

— Personne ne va enclencher de sirène ! Je tiens le coup.

Cette situation est stressante. Je m'imagine devoir accoucher ma meilleure amie sur la banquette arrière du van et m'envisage aussi tôt en *Dr Queen femme médecin*. Je me souviens de quelques épisodes. Malheureusement, on ne suivait pas trop la série. C'est bien dommage, elle m'aurait été plus utile que Caroline Ingalls et sa recette d'*apple cake* ! Je regarde autour de moi. Nous sommes complètement à l'arrêt, sans issue possible. Allez Camille, réfléchis ! Il faut absolument que tu trouves un moyen de faire bouger ces voitures. Tu vas y arriver !

— En tout cas, si votre enfant naît dans ma voiture, je vous offre un an de courses gratuites.

Face à la proposition du chauffeur, mon cerveau reconsidère ses projets de circulation routière. Un an de courses gratuites, ce n'est pas rien ! Il y a de quoi faire de sacrées économies. Oh ! mais qu'est-ce que je raconte ?

— Vous vous appelez comment ? demande Maddy.

— Tarik…

— Eh bien c'est très gentil à vous, Tarik… Mais croyez-moi, j'espère devoir vous régler les prochaines courses…

— Même si vous n'accouchez pas ici, vous m'appelez et je vous dépanne quand vous voulez. C'est cadeau…

— Vous avez des enfants, Tarik ?

— Oui, deux. Un grand de quatorze ans, Yanis, et une petite fille de cinq, Assia. En arabe, ça veut dire « celle qui aide », « celle qui soulage »…

— C'est très joli. Moi aussi c'est une petite fille, Léa…

— C'est un beau cadeau qui arrive… *Mashallah*, comme on dit chez moi…

— Merci… Mais vous savez quoi, je cherchais un deuxième prénom, eh bien, ce sera Assia…

En quelques secondes, les yeux de Tarik s'humidifient.

— C'est un grand honneur pour moi… Vraiment.

Pendant un instant, un sentiment d'amour et de solennité enveloppe l'habitacle. J'assiste à la scène et je la trouve très belle. Toutefois je tique un peu sur le sens et la logique de donner ce prénom à ma filleule. Selon sa définition, Assia est censée soulager, non ? Or, là, nous sommes très loin de la détente d'un soin au spa. N'y a-t-il pas un prénom qui veut dire « je reste dans le ventre de ma mère jusqu'à ce qu'elle soit prise en charge par du personnel médical qualifié » ? Après un moment, Tarik brise le silence.

— Vous aimez le couscous ? Je vous amènerai du couscous aussi, le meilleur que vous ayez jamais mangé...

— J'aime beaucoup le couscouuuuuusssss... Ah ! les douleurs s'intensifient...

Mon cœur palpite quand me vient une idée. Je n'ai peut-être pas de gyrophare mais j'ai de la folie. Désolée les copains stoïciens, je quitte la bande et les valeurs de renoncement et d'acceptation du destin pour retrouver ma place de réalisatrice free-lance un peu barrée. Il est temps de tourner le film le plus improvisé qui soit. J'empoigne mon téléphone et bascule en mode vidéo.

— OK, Maddy ! Gueule tout ce que tu peux !

— Quoi ?

— Tu te souviens du film *L'Exorcisme d'Emily Rose* ? Eh bien, rejoue-moi la scène !

— Je... tu...

Pas besoin d'insister davantage, Maddy se contorsionne et m'offre un moment spectaculaire. Je renonce à demander si elle surjoue ou si les contractions en sont à ce stade. Maintenant c'est à moi de passer à l'action ! Je sors de la voiture et j'entreprends de taper aux carreaux de toutes les voitures. Le premier conducteur fait mine de m'ignorer. Je me poste devant son pare-brise et lui plaque la vidéo sous les yeux. Aussitôt il ouvre sa vitre :

— Derrière vous, cette femme va accoucher ! Elle a trois semaines d'avance ! Il faut qu'on fonce à la maternité. Bougez !

Le chauffeur amorce une manœuvre que j'interpelle déjà un autre véhicule. Je réitère l'opération plusieurs fois et obtiens le même résultat. Tarik est en mesure d'avancer un peu. Vu le sac de nœuds que j'essaye de dénouer, la tension est palpable. Certains conducteurs ne comprennent pas et se mettent à râler, rattrapés par d'autres qui expliquent (hurlent) la situation. L'effet domino se met en place progressivement et moi, debout, en pleine route, j'assiste à la libération d'une voie. Je me sens comme Moïse écartant les eaux de la mer Rouge. À coups de grands gestes, j'orchestre l'avancée de notre voiture. Nous ne sommes plus qu'à quelques mètres d'une rue adjacente qui nous libérera de ce terrier quand ELLE s'insère ! ELLE que j'ai repérée du coin de l'œil quelques minutes plus tôt. ELLE qui m'a entendue expliquer les raisons qui font que je m'agite comme un aiguilleur du ciel sous cocaïne. ELLE qui ne jure que par sa petite personne : la pintade dans sa mini ! Je lui signale de reculer mais elle m'ignore volontairement. Elle continue d'avancer pour se poster en épi, bloquant l'accès que j'ai réussi à déboucher. Je lui fonce dessus, mais elle ne m'adresse pas un regard. Cette technique me fascinera toujours. Ces gens pensent-ils vraiment que baisser les yeux suffit à se faire oublier ? Je tape à la vitre, elle résiste. Je tape sur son capot, elle résiste !

Entendu, la grognasse ! Tu l'auras cherché. Je remonte jusqu'à la voiture de Tarik.

— Vous n'auriez pas un pied-de-biche dans votre coffre par hasard ?

— Ah non… J'ai des bouteilles d'eau et une clé à bougie…

— Ça fera l'affaire.

— Camille, qu'est-ce que tu comptes faire ?

— Rassure-toi Maddy, rien qui puisse faire embarquer la marraine de ta fille au poste. Enfin je l'espère…

Je me saisis de mon ~~arme~~ outil et me transforme en Uma Thurman dans *Kill Bill.* D'un pas décidé, je me dirige vers Lady Pétasse. Tiens, étrangement, je ne suis plus invisible à ses yeux. Au contraire, ses globes oculaires doublent de volume et semblent prêts à se défenestrer de leurs paupières. Elle ouvre son carreau à la hâte. Sa voix déraille autant qu'un train qui a raté le contrôle technique.

— Qu'est-ce que vous comptez faire ?

— Continue d'avancer et tu le sauras dans moins de cinq secondes !

Waouh, ce n'est pas le moment de s'enorgueillir mais je suis plutôt fière de mon aplomb. Uma est en moi, je poursuis sur ma lancée.

— 5… 4… 3…

Pitié, faites qu'elle recule ! Autant l'idée de faire exploser sa vitre m'apparaît très cinégénique, autant me retrouver dans un commissariat du XXe arrondissement à expliquer que l'esprit d'une tueuse à gage en combi jaune m'a envahie, ne m'enchante pas.

— 2… 1…

— Franchement, c'est n'importe quoi ! On est tous dans la même galère, enchaîne-t-elle tout en reculant.

Elle ferme sa vitre. Je l'entends râler et distingue même un petit « connasse », mais qu'importe… Elle peut bien m'insulter de tous les noms pourvu que Tarik puisse se faufiler et nous faire regagner la clinique au plus vite.

Je les rejoins au pas de course.

— En avant chauffeur…

Je tourne la tête vers Maddy et me retrouve nez à nez avec le focus de son téléphone.

— Et voilà mon amour, elle, c'est ta marraine. Et pour que tu arrives dans les meilleures conditions, elle a littéralement retourné une rue entière. Souviens-toi de cette vidéo les fois où tu la trouveras un peu bizarre.

— Tu m'as filmée ?

— Entre deux contractions, moi aussi je peux m'improviser réalisatrice… Mais je ne garantis pas la stabilité de l'image.

— Ça va aller ?

— Oui. Tu vois, tu n'es peut-être pas la plus à l'aise quand il s'agit de parler d'épisiotomie, mais question soutien, tu déchires !

Amusée, j'ouvre grand les yeux.

— Tu viens de faire un jeu de mots volontaire ?

— Même pas…

Maddy rit du mieux qu'elle peut en se tenant le ventre. Je pose ma main sur la sienne. Je suis fière de nous.

* * *

16 h 02. Léa est née. Nicolas est arrivé en catastrophe une heure avant. De toute évidence, au vu de sa cravate Homer Simpson, il n'avait pas prévu que le grand moment serait pour aujourd'hui. Notez bien que je ne juge plus les goûts vestimentaires des uns et des autres, étant donné que les miens semblent ennuyeux. Au moins, Léa sait d'entrée où elle met les petons : dans une famille merveilleusement atypique. Je suis soulagée qu'il ait pu assister à l'accouchement. Pour eux et aussi pour mes doigts. Nicolas n'a pas démérité. Il les a offerts en offrande à Maddy qui n'a pas hésité à les piler comme du verre. J'observe le papa manger du regard le nourrisson.

— N'est-elle pas sublime ?

— Elle est parfaite.

C'est fou comme l'amour inconditionnel pour un enfant nous envahit instantanément. Il est là, fort et dense.

— Merci Camille, heureusement que tu étais là pour elles.

— Oui, merci encore, ma patate.

— Je vous en prie. La prochaine fois que vous avez besoin d'un agent de la circulation, appelez-moi. Sur ce, je vous laisse entre vous, les amoureux. Je vais sauter… dans un métro. Pour aujourd'hui, ce sera plus sûr…

J'embrasse la petite famille et quitte la chambre. Dans les couloirs, je croise une infirmière.

— Excusez-moi, vous savez où je peux trouver du sucre et un verre d'eau ?

— Oui, c'est pour quelqu'un qui se sent mal ?

— Moi… Dans moins de deux minutes je risque de défaillir.

9

Dix jours que je suis marraine. Maddy et Léa sont rentrées de la maternité et je leur rends visite pour la première fois à domicile. Je scrute la petite créature allongée dans son couffin aussi attentivement que la notice d'un médicament. Oui, je fais partie de ces gens qui s'adonnent à ce genre de lecture, bien sûr… D'une part à cause de ma (petite) hypocondrie, d'autre part car je suis du genre à suivre les règles. S'il est écrit : « Lisez attentivement la notice », je respecte la consigne et m'applique à la déchiffrer dans ses moindres détails. Je connais celle du Doliprane par cœur… Je ne sais pas si c'est une bonne chose. Un jour de migraine, j'ai préféré m'abstenir de prendre le comprimé de peur de faire chuter mon taux de globules blancs et d'avoir les gencives qui saignent… Les effets secondaires éventuels sont toujours effrayants. Les auteurs des notices pharmaceutiques doivent avoir un goût prononcé pour la littérature horrifique. Ou alors sont-ils animés d'une forme de perversion ? Quand on y réfléchit, c'est d'une cruauté ! Obliger de pauvres êtres déjà souffrants à se renseigner sur ce qu'ils pourraient déclarer comme symptômes aggravants en prenant un médicament censé les soulager… Je ne vois rien de pire… Ne pourraient-ils pas au moins rendre cette étape un peu plus ludique ? Sous forme de bande dessinée par exemple…

Quoi qu'il en soit, j'observe ma filleule dans ses moindres détails. Le grain de sa peau, ses cils, ses mini-ongles… Ses doigts beiges m'évoquent de petites larves. Fait étrange, ils sont pourtant aussi mignons que ces bestioles sont répugnantes. Tout dans ce petit humain me fascine et pour cause… Je n'ai jamais eu d'enfants autour de moi et encore moins de nourrissons. Léa est le premier bébé que je rencontre de si près et je la dévore du regard. Ses grands yeux sombres m'observent avec la même intensité. Essaye-t-elle de déchiffrer ma propre notice ?

— Bonjour toi… Je m'appelle Camille. Je suis ta marraine… Alors à quoi sert une marraine, vas-tu me demander… Eh bien, déjà, à avoir quelqu'un qui répond présent à ta fête d'anniversaire… Car, sache-le, jusqu'à tes trois ou quatre ans, tu n'auras pas une vie amicale hyper-active… Et donc pas grand monde à inviter… Note bien que ce cas de figure peut aussi arriver à l'âge adulte… Par exemple, si tu es du genre à cramer tes cakes et que l'information commence à circuler dans ton entourage… Dans ces conditions, précise à tes invités que tu achèteras du tout-prêt…

Encore que, tu seras tout à fait en droit de mettre en doute la qualité de tes amis, s'ils sont prêts à renoncer à ton anniversaire pour de simples petits loupés en cuisine… Ta mère, par exemple, a toujours mangé mes préparations et, crois-moi, certaines auraient pu se retrouver dans le livre des records des saveurs les plus déroutantes…

Il me semble que la petite Léa fronce les sourcils. Comprendrait-elle ce que je lui raconte ? Dans le doute, je me félicite de l'informer des choses essentielles de la vie.

— Ensuite, une marraine est là pour s'occuper de toi, elle prendra le relais de ton éducation, si malheureusement ton papa et ta maman étaient amenés à…

Je m'interromps en me tapant le front du plat de la main. Bon sang Camille, tais-toi donc ! J'ai failli annoncer à un nourrisson la mort prématurée de ses parents ! J'envisage de me saisir de la tétine de Léa pour me l'enfourner dans la bouche et ne plus prendre le risque de déraper. Je tourne la tête et regarde derrière moi. À quelques mètres de la chambre, je vois Maddy qui s'affaire en cuisine. Ouf ! Elle n'a rien entendu. En l'observant, habillée d'un peignoir, les traits tirés, les cheveux en vrac, je suis soudainement prise d'une forme de vertige qui me plonge dans un kaléidoscope de souvenirs. Des images me reviennent en tête et éclatent comme un feu d'artifice. Ma meilleure amie, la femme la plus sexy et indépendante que je connaisse, celle qui, il y a encore un an, papillonnait un verre à la main, au milieu d'une cour d'hommes transis d'amour, est aujourd'hui maman. Tout s'est passé si vite. Sa rencontre avec Nicolas, sa grossesse… Nos soirées festives ont disparu, ses comptes rendus drolatiques après chaque rendez-vous galant font désormais partie du passé… Je suis heureuse de la voir épanouie dans ce nouveau rôle, pourtant je ne peux nier ce petit pincement au cœur, cette nostalgie d'une époque insouciante. Pour autant, j'ai fait du chemin moi aussi… Après avoir vécu une précédente histoire d'amour chaotique, que Walt Disney aurait pu intituler « La Bête et le Bâtard » (comprendre « l'idiote » et le reste est limpide), les choses ont changé dans ma vie. De la bécasse amoureuse qui faisait passer les envies de son partenaire avant les siennes, je suis passée à la poulette un peu plus sûre d'elle, auprès d'un petit ami merveilleux qui considère que mes besoins sont aussi importants que les siens.

Cependant j'ai la sensation de devenir adulte doucement… lentement… Des reliquats de réactions enfantines me collent toujours à la peau. Un numéro inconnu m'appelle ? J'angoisse… J'ai peur que ce soit une administration… Et je redoute d'avoir affaire à une personne des impôts, même si je n'ai jamais eu un seul retard de paiement… J'ai parfois l'impression de m'adresser à des « grandes » personnes…

— Camille ? Il y a un problème avec la couleur du papier peint ou au contraire tu veux la réf ?…

Maddy me sort de ma torpeur et il faut quelques secondes à ma rétine pour effacer l'empreinte des papillons collés au mur.

— Oh, j'étais partie loin, je crois...

— Bon, je profite de ce que tu sois là pour faire un essai...

Ma meilleure amie s'installe dans le fauteuil crapaud et commence à s'équiper.

— Qu'est-ce que c'est ?

— Un tire-lait électrique... Et double pompage en plus ! Pour le moment j'allaite Léa mais d'ici quelques semaines j'aimerais pouvoir faire des biberons, pour que Nicolas puisse la nourrir aussi.

Je l'observe se câbler la poitrine et je me contiens. Non, Camille, l'heure n'est pas à la blague. C'est une chose sérieuse qui se déroule sous tes yeux. Sérieuse, mais déroutante pour qui n'a jamais vu ça. Maddy a désormais deux bouteilles en suspension au niveau du buste et je me pince les lèvres pour ne rien laisser transparaître. Apparemment je dois manquer de discrétion.

— J'ai l'air d'une vache sous machine à traire, c'est ça ?

— Hmmm... Tu me fais davantage penser à une héroïne de film de science-fiction... Du genre qui traquerait les méchants avec une nouvelle arme futuriste : le pisto-lait néné.

Maddy fronce les sourcils et l'espace d'un instant je regrette d'avoir partagé ma pensée, puis son visage se détend et elle explose de rire. Elle commence à mimer un mouvement de tir à la mitraillette de manière appliquée.

— Méfiez-vous les vilains, un pas de plus et je vous envoie des giclées de lait maternel en pleine tête ! Tah, tah, tah, tah, tah !!!

L'image est épique. Ce moment de complicité pur me transporte. Comme si Léa était déjà en mesure de comprendre, elle nous gratifie d'un petit sonore mignon.

— Bon, allez, je retire cet engin, on verra plus tard... Offrons plutôt à ce petit ange un goûter direct au sein... Tu la prends dans son couffin...

Je tends les bras pour soulever Léa mais je suis soudainement prise d'un moment de panique. Je n'ai jamais tenu de bébé dans les bras ! Jamais ! La détresse doit se lire sur mon visage.

— Tu la soulèves doucement et tu lui maintiens délicatement la tête...

La phrase est pourtant simple à comprendre mais l'enchaînement des mouvements ne s'affiche pas dans mon esprit. J'ai tout simplement peur. Rappelons que l'intégrité physique de ce petit être fragile dépend de moi, la godichonne... Au secours !

— Vas-y, Camille.

— Je ne sais pas faire...

Maddy sourit.

— Écoute, si moi l'éternelle célibattante aux mojitos j'ai réussi, toi l'attentionnée et précautionneuse Camille n'aura pas de mal non plus...

J'acquiesce. Mais quelle épreuve ! Ma concentration est maximale, mes gestes sont mécaniques et je manque de m'étouffer en oubliant de respirer. Une fois Léa dans mes bras, je suis fascinée. Puis une bouffée d'amour m'envahit. Nom d'un coton-tige usagé, quel incroyable constat : j'adule cette créature autant que je la redoute.

10

Je ne suis pas ce qu'on appelle une accro du shopping, encore moins de la mode. Je peux passer des mois en jean-pull-basket, puis ressentir une impérieuse envie d'avoir dans ma penderie cette petite robe vichy qui me donnera des allures de jeune italienne. Évidemment je ne mettrai cette robe qu'une fois, je n'aurai rien d'une Milanaise, puis je l'oublierai, pour la redécouvrir des mois plus tard en me demandant pourquoi je l'ai achetée. Ces petits craquages ont néanmoins le mérite de m'assurer une tenue adéquate pour chaque évènement. Sauf aujourd'hui, pour le mariage de ma mère ! Avec l'accouchement impromptu de Maddy, ma séance d'essayage est passée à la trappe, et me dénicher une robe m'est totalement sorti de la tête. J'ai failli réussir la mission hier soir, la veille de la cérémonie, quand, plantée devant mon placard, j'ai consenti à me confectionner un look de pom-pom girl. Avec une jupe plissée, un tee-shirt noué à la taille et une paire de

Converse, j'étais presque convaincue de ma trouvaille. Mais il a fallu que ma maladresse s'en mêle.

Alors qu'il était déjà 22 heures, j'ai trouvé bon de mettre en ordre les produits de la salle de bains. Croyez-vous que j'ai écouté mon petit ami quand il a gentiment tenté de m'en dissuader, me rappelant que nous consentions toujours à faire de nos piles de livres une table basse improvisée ? Pensez-vous que j'aurais au moins pu envisager de retirer ma « tenue de mariage » avant de ranger mes flacons de vernis ? Et c'est ainsi qu'une belle bouteille couleur bordeaux m'a échappé des mains pour venir s'éclater sur le bord de la baignoire, faisant gicler tout son contenu sur le sol, sur les murs et sur mon tee-shirt blanc. J'ai poussé le même cri que si une armée d'araignées m'avait coursée dans la jungle. Prise d'un élan de survie, j'ai essayé de sauver mon top à coups de dissolvant. Mystère de la chimie, plus je retirais le vernis bordeaux, plus des traînées rouges apparaissaient. Après dix bonnes minutes d'obstination et un manque de bon sens à faire pleurer une statue en marbre, j'ai enfin saisi. Si d'un côté je grattais frénétiquement les traînées, de l'autre j'en rajoutais… avec celui de mes ongles manucurés en cerise carmin quelques jours plus tôt et enduits de dissolvant ! À la fin de cette triste tentative de sauvetage, je ressemblais toujours à une pom-pom girl mais qui se serait fait violemment lacérer par son petit ami *quarterback*, après une soirée de match trop arrosée.

Voilà pourquoi aujourd'hui je suis habillée en statue de la Liberté… Ou plutôt, me voici vêtue d'un drap gris et d'une couronne de galette des rois sur la tête. Ne pensez pas que j'ai eu le choix. Bien sûr que j'ai pensé à venir en « civile ». Si seulement je n'avais pas reçu force messages de ma mère m'intimant de *jouer le jeu*. Son enthousiasme à découvrir ma tenue est au moins aussi fort que celui d'une puce qui s'apprête à croquer la chair d'un chien pour la première fois. Ajoutez aux circonstances mon penchant à vouloir faire plaisir et vous obtenez une Camille qui s'assoit sur sa dignité.

Dans la voiture, en direction de la cérémonie, Ewen et ses sœurs tentent de me rassurer.

— Honnêtement mon cœur, je trouve ça pas si mal…

— C'est vrai, tu t'es vachement bien débrouillée pour quelqu'un qui n'était pas inspiré… ajoute Alice.

— Et puis, sans la couronne et avec une ceinture, tu pourras même recycler ton costume pour une fête spéciale Antiquité grecque…, conclut Gaëlle sur le ton de la plaisanterie.

Je leur offre le même regard que celui d'un cocker malmené par une conjonctivite avant de japper et remettre en place une épingle à nourrice qui me pique la fesse droite.

* * *

Le rendez-vous à la mairie a lieu à 16 heures. Pour y être, nous avons quitté Paris vers midi et avons roulé direction ma petite ville d'enfance du nord de la

France. Sur place, la découverte des invités a été pour le moins folklorique. Tous ont joué le jeu du *dress code*. Des chapeaux de cow-boy, une robe victorienne, des rockers, un Oncle Sam… Avec son tailleur pieds-de-poule et son carré blond méché, j'ai même cru reconnaître une Hillary Clinton. Pour la saluer, je l'ai donc gratifiée de quatre bonnes bises chaleureuses avant de comprendre qu'il s'agissait de la mairesse. Même si nous ne sommes qu'une petite trentaine, notre présence en ville a su créer l'évènement. Étrangement, moi qui redoutais le ridicule, notre allure suscite surtout une joie palpable auprès des badauds. Sans doute que les Chtis, habitués au carnaval de Dunkerque et autres célébrations costumées, ont su garder leur âme d'enfants.

Ma mère n'a pas voulu que je l'aide dans l'organisation de son remariage. « Je veux que tu profites », m'a-t-elle dit. Alors pour l'arrivée des futurs époux, j'ai tout imaginé : une voiture de collection type Corvette, ou même une calèche, en considérant son amour pour le style « pionnier » de la Ruée vers l'or… Je m'attendais à tout, sauf à ce qui est en train de se dérouler ! Au son du tintamarre des boîtes de conserve qui traînent sur le bitume, ma mère et tonton Hub' déboulent… en brouette ! Chacun assis dans la sienne, ils sont poussés par ce qui semble être des sosies de Johnny Hallyday (pour l'un des deux, j'hésite encore avec une imitation d'un Dave qui se serait perdu dans *Starmania*). Les futurs mariés ont donc décidé de rejoindre la mairie, installés dans un outil de jardin. Mon cerveau se met en mode veille. Le courant n'est pas interrompu mais l'appareil ne fonctionne pas pour autant. Seuls les applaudissements des invités et surtout le rire de ma mère, aussi enjouée qu'une enfant dans une piscine à boule, finissent par me remettre en état de marche. Oui, Camille, ta maman a bel et bien fait son entrée assise dans une brouette… Estimons-nous heureux qu'elle ne se soit pas découvert une passion récente pour l'Égypte ancienne, elle serait arrivée en chaise à porteur… Comme pressenti, ma mère s'est parée d'un joli chemisier confectionné par ses soins. La fille de couturière que je suis a reconnu la dentelle de Calais. Et elle porte un jupon crème sobre mais dont les finitions témoignent de nombreuses heures de travail… Pour parfaire le tout, elle n'a pas oublié la coiffe de paysanne. Du côté de Hubert, pas de mystère, il a suivi les envies de sa femme… Une chemise en toile, un pantalon en velours, des bretelles, ainsi qu'un grand chapeau de soleil beige. L'effort pour ressembler à Charles Ingalls est notable. Malheureusement, rien n'a pu être fait pour se rapprocher du casque capillaire du héros de la série… Hubert est encore moins chevelu qu'une pomme de terre émincée.

En me découvrant, ma mère me jauge entre joie et incertitude.

— Mon ange… tu es…

Ses sourcils froncés et sa phrase restée en suspens ne laissent aucun doute sur son besoin de précision.

— La statue de la Liberté…

— Oh ! Mais quelle magnifique idée. Tu es rayonnante. Merci d'avoir joué le jeu.

À ces mots, elle me serre fort dans ses bras et j'imagine la photo qu'il en ressortira : une Caroline Ingalls à la retraite qui câline un ersatz de statue de la Liberté déguisée en épouvantail. Cependant, à ce moment précis, je ne regrette pas. Je viens de contribuer au bonheur de ma mère.

* * *

Après avoir dit oui à la mairie, nous nous sommes rendus à une demi-heure de là, pour rejoindre la salle de réception. Pour l'occasion, les « jeunes » mariés ont réquisitionné le corps de ferme d'un de leurs amis. Sur place, la baraque à frites de Hubert est installée. Une guirlande lumineuse encadre l'auvent et des petits drapeaux américains ont été fixés sur les côtés. Juste un peu plus loin sur le terrain, une autre roulotte est présente : une cabane à chichis, pommes d'amour et barbes à papa. À tout moment je m'attends à découvrir un stand de pêche aux canards et des auto-tamponneuses. Dans la salle de réception, la décoration est plutôt réussie (si on aime le style campagne rustique). Des grosses bottes de paille bordent l'allée jusqu'à la porte d'entrée ; à l'intérieur, on retrouve des nappes à carreaux rouges ou bleus, les bouquets de fleurs sont pour la plupart composés de chardons et des grands tonneaux servent de tables d'appoint. Une petite scène a été installée et les instruments de musique qui s'y trouvent donnent quelques indices sur le type d'orchestre prévu... Guitares, harmonica et bandana rouge noué autour du pied de micro. Que celui qui pense que les musiciens sont fans de country lève la main (j'ai la main levée !)...

— Waouh, j'adore ! dit Alice en découvrant les lieux...

— Je suis bien contente d'avoir répété quelques chorégraphies de madison avant de venir, enchaîne Gaëlle. Je vais enflammer la piste.

Les deux sœurs s'affairent autour des tables pour trouver leur place. Ewen m'encercle par la taille délicatement.

— Tout va bien, mon ange ?

— Oui, super.

Son regard profond tente de sonder mes pensées.

— Je t'assure, je vais bien... J'ai juste eu un doute en arrivant, je me suis demandé si je ne descendais pas d'une famille de forains. Pendant une minute, j'étais prête à prendre mon poste au stand de tir à la carabine...

Mon petit ami me sourit.

— Ta maman s'est remariée... Ça y est.

Je sais ce que veut dire Ewen. Il veut s'assurer que j'ai pris conscience de cette nouvelle réalité. Pour être parfaitement honnête, je ne l'ai intégrée qu'à moitié. Peut-être est-ce dû au manque de sacralité de cette cérémonie ? Ou parce que tonton Hubert a toujours fait partie de la famille… ? Coïncidence, mon regard se pose sur un cadre accroché au mur sur lequel est écrit *Time flies…* En temps normal, c'est le genre de phrase que je trouve aussi bête que : « Le feu ça brûle » ou « L'eau ça mouille ». Mais selon les moments, elle résonne comme une prophétie pleine de sagesse et de vérité. Oui, le temps passe… Les choses changent…

Les invités prennent place ; ma mère et Hubert montent sur la scène pour s'adresser à l'audience.

— Hello, hello, comme on dit en Amérique, on m'entend bien ? demande ma mère en tapotant sur le micro.

Alors pour l'entendre, on l'entend. Mais « bien », ce n'est pas le terme. Sa voix sature si fort dans les aiguës que nos oreilles viennent toutes de faire le deuil de quelques décibels. Un des membres du groupe de musique débarque sur la scène et règle l'ampli. Il fait signe à ma mère de faire un nouvel essai micro. J'en profite pour observer le musicien. Grosse barbe, bottes à bouts pointus, jean serré et ceinturon au visage d'Indien, on retrouve la parfaite panoplie du chanteur des Bayous.

— C'est mieux là ? Ah chouette ! Je vous présente Michel, qui viendra dans quelques instants nous jouer un morceau avec son groupe.

Ah ! « Mimich' » donc… Apparemment le chanteur country n'a pas succombé au nom d'emprunt…

— Je tenais à vous remercier d'être là. Vous avez répondu présents et avez tous mis du cœur dans vos tenues. Je sais que ma demande a pu sembler excentrique à certains, mais on ne se remarie pas tous les jours, n'est-ce pas ? D'ailleurs, je ne pensais pas que cela m'arriverait à nouveau. Certains d'entre vous ont connu Yves, mon précédent mari, et j'ai vécu à ses côtés vingt merveilleuses années et rien ne pourra jamais remplacer cette histoire… Alors, avec Hubert, je voulais justement quelque chose de différent pour célébrer notre union. Une fête placée sous le signe du renouveau et de la fantaisie. Je suis restée seule ces quinze dernières années et je ne le regrette pas. J'ai continué à travailler, à voir des amis et surtout à élever du mieux que j'ai pu ma fille Camille… Mais c'est vrai que cette solitude, je ne voudrais plus la revivre maintenant que j'ai Hubert à mes côtés… Merci à toi d'être aussi gentil, d'avoir accepté mon idée avec autant d'ouverture d'esprit. Merci d'avoir toujours été présent pour nous quand Yves nous a quittés. Merci d'être toi…

Hubert ne réagit pas.

— Tu veux dire quelques mots ?

Je ne vois pas comment tonton Hub' pourrait exprimer quoi que ce soit. Ses yeux débordent d'eau aussi ardemment qu'une plaque d'égout par temps d'averse. Il tente un discours après s'être bruyamment mouché dans sa manche.

— Je… je voulais dire… Pfiou, c'est pas simple… Juste…

Il repart en sanglots et je ne suis pas loin de le suivre.

— Je t'aime, Annie… Et je vous aime tooousss aussiii…, sanglote-t-il.

Sur un reniflement, il s'apprête à quitter la scène mais revient au micro.

— Et aussi merci aux copains qui ont proposé de s'occuper du buffet et de la cuisine. Il paraît qu'on a du maïs en croûte…

— Non. C'est du pain de maïs, chéri…

— Ah, oui, c'est ça… Enfin je suis sûr que ce sera très bon aussi… Bonne soirée…

Mon cher Hubert… Sa candeur, sa maladresse et sa sensibilité me foudroient le cœur. Le groupe de musique prend place et commence à entamer la chanson d'ouverture du bal. L'interprète commence ses notes en sifflant. Je reconnais le titre instantanément. C'est *Wind of Change* de Scorpions. Jamais je n'aurais imaginé que ma mère pût connaître cette chanson. La voir danser avec Hubert me transporte. Je ne pense pas qu'elle ait pris le temps de traduire les paroles sur le Net et sache à quoi fait référence le chanteur. Je sais, moi, que la ballade célèbre le premier festival de Moscou après la chute du bloc communiste. Mais dans cette salle bariolée de drapeaux US, de tableaux de bison mais surtout de gens emplis d'amour et d'amitié, la libération de la Russie s'efface pour ne laisser place qu'à l'essence du message. Et de statue de la Liberté, je vacille en Tour de Pise.

Take me to the magic of the moment.
Emmène-moi dans la magie du moment.
On a glory night,
Par une nuit glorieuse,
Where the children of tomorrow dream away,
Durant laquelle les enfants de demain se perdent en
[rêves,
In the wind of change.
Dans le vent du changement.

En chœur, Gaëlle et Alice reprennent les paroles et se balancent en se tenant par les épaules. Les quelques enfants présents rappliquent sur la piste, suivis par les adultes. Ewen observe les mariés avec un sourire ému puis se tourne vers moi pour m'inviter à danser. Je décline d'un non de la tête. S'il insiste, j'ai peur que mes fluides n'en profitent pour jaillir comme ceux d'un hippopotame enrhumé. Il pose délicatement sa main sur ma joue et je craque. Écartez-vous tous, Camille a ouvert les vannes. On y est, c'est donc vrai, ma mère s'est remariée…

* * *

La fête bat son plein depuis plusieurs heures. La soirée de mariage est à la bonne franquette. Les gens s'amusent, se servent du *coleslaw* puis vont chercher une barquette de frites et une fricadelle. Ils reviennent et grignotent des *ribs* caramélisées accompagnées de haricots rouges en salade. Les enfants passent leur temps devant la cabane à friandises et alternent entre gaufres et churros. Demain, c'est certain, ils transpireront du sirop de sucre, mais aujourd'hui ils en profitent. De mon côté, je me suis remise de mes émotions et je viens même de danser un twist avec une version de Popeye sans les muscles. Je suis essoufflée. Je cherche Ewen du regard. Il a été réquisitionné par une Marilyn Monroe qui aurait trop forcé sur le vin rouge et les Gitanes sans filtre. J'hésite à le sortir de ce guet-apens mais l'image est bien trop drôle. Je décide plutôt d'aller prendre l'air. À la nuit tombée, il fait frais. Durant la journée, la chance nous a accompagnés. Le soleil n'a pas boudé son plaisir et a participé à la fête. Mais comme le dit le proverbe : « En avril, ne te découvre pas d'un fil », ce à quoi je rajouterais : « Surtout dans le Nord, sinon tu chopes la mort. » Je longe le corps de ferme. Autour, il n'y a que des champs. À mesure que je m'éloigne de la salle de réception, le son de la musique laisse place à un bruit qui n'a rien de mélodieux… J'enclenche la fonction lampe torche de mon téléphone et balaye les alentours jusqu'à ce que je tombe sur elle.

— Oh, mais qui es-tu, toi ?

Accrochée par une corde à un piquet, je découvre une adorable chèvre.

— C'est quoi ton petit nom ? Laisse-moi deviner. Geneviève ? Blanchette ? Non, je sais. Gwendoline, tu as une tête à t'appeler Gwendoline…

— Beeeehhh

— Qu'est-ce qui ne va pas, jeune fille ? Tu peux tout me dire… Vas-y, raconte à tatie Camille…

— Beeeehhh

Si j'en crois son ton plaintif, Gwendoline semble avoir un sacré cahier de doléances à partager.

— Hmmm, toi aussi tu aimerais t'amuser, c'est ça ? Gambader librement ?

— Beeehhhh

— Je comprends… J'imagine que ça ne doit pas être évident tous les jours la vie d'une chèvre…

Les animaux sentent quand on leur veut du bien. Et, à cet instant, je me félicite d'offrir à cette demoiselle l'attention qu'elle mérite.

— Tu veux une petite caresse ?

— Beeehhh

— Ça marche, j'arrive… Mais tu restes mignonne hein ?

Je m'avance doucement vers Gwendoline. Ses petits yeux perçants m'invitent à l'accolade… Enfin je crois…

— Beeehhh, beeehhh, beeehhh…

— Oh là là, tout va bien ma puce… Ne t'excite pas…

— Beeehhh, beeehhh, beeehhh

— Calme-toi. J'ai compris… Tu sais gratter la terre comme personne et tu as de jolies cornes… mais inutile de me les montrer avec autant d'audace…

Finalement Gwendo n'a peut-être pas si bon caractère. Face à son agressivité, je recule.

— Tant pis. Comme tu voudras…, lui dis-je, vexée. Je voulais t'offrir un peu de compagnie mais si tu préfères faire ta mauvaise tête, je te laisse…

Je tourne les talons et reprends la direction de la salle malgré les bêlements de ma copine. J'imagine qu'elle regrette sûrement son attitude, mais toute chèvre qu'elle est, la politesse reste une valeur essentielle à mes yeux.

— Beeehhh…

— Oui, Gwendo, oui… J'accepte tes excuses, mais je ne reviendrai pas te voir pour autant, dis-je sans même lui jeter un regard…

— Beeeeehhhh

— Inutile de bêler plus fort, tu sais, je ne changerai pas d'avis.

Je continue ma route quand l'information que m'envoie mon cerveau me tétanise. Je refuse d'y croire. Comment ça « bêler plus fort »… ? Et si en fait ce n'était pas une question de puissance vocale, mais de proximité… Je me retourne. La chèvre a, de toute évidence, réussi à se libérer et se dresse désormais devant moi, l'air belliqueux. Nom d'une pastèque sans pépins, c'est moi ou elle semble vouloir me défier ? Heureusement qu'elle n'a pas de gant, elle me l'aurait sans doute déjà jeté aux pieds, m'intimant un combat prochain.

— Tout doux ma belle… Tout doux… N'oublie pas que nous sommes copines toi et moi hein…

Je m'accroche à l'idée que les bêtes ont un instinct très sûr pour discerner qui sont leurs amis… Puis, je me souviens que plus jeune, au cours de ma seule séance d'initiation au poney, j'ai défendu l'honneur d'un cheval que tout le centre équestre traitait d'idiot. En fin de journée, ce même cheval n'a mordu qu'une seule personne : moi !

— Bon, tu as gagné. Je m'excuse si je t'ai dérangée… Alors ce que je te propose, c'est que moi je reparte tranquillement à la fête et, toi, tu en profites pour aller explorer les champs et brouter gentiment de ton côté, OK ?…

Je recule doucement pendant que Gwendoline continue de me fixer, sans bouger. J'ai à peine le temps de sentir l'espoir et le soulagement me gagner que Miss Chavroux décide de me foncer dessus !

— Beeeeehhhhhh !

— Aaaaaahhhhhh !

Je cours aussi vite que je peux mais je ne suis pas aidée. Avec mes talons qui s'enfoncent dans la terre, ma robe faite en rideaux qui dégringole, et les épingles à nourrice qui semblent être du côté de la chèvre et sortent de leur fermoir pour me piquer le corps, je ressemble davantage à un pantin désarticulé qu'à Usain Bolt. La salle de réception me semble horriblement loin. J'ai beau appeler à l'aide, personne ne m'entend. Pire ! En réponse à mes « Au secours », je reçois un lointain : « Décalécatan, Décalécatan, Ohé, Ohé ! » Je maudis la Compagnie Créole ! C'est donc ainsi que le mariage de ma mère va prendre fin ? Je vois déjà les titres des journaux de la presse locale : « Mieux vaut prendre le taureau par les cornes que les cornes dans les fesses », « N'est pas toréador qui veut », « Au mariage de sa mère, sa propre fille lui pique la vedette en se faisant piquer », « Quand un mariage se transforme en méchoui ».

Avec le peu de discernement qu'il me reste, je comprends que je n'atteindrai jamais la salle en un seul morceau. Alors soit ! S'il faut que je me fasse empaler, allons-y ! Mais je refuse de le faire sous l'œil épouvanté des invités. Tel le mythe de l'éléphant qui cherche le cimetière pour se laisser mourir à l'abri du regard du groupe, je me ferai percer le fessier avec dignité. À mesure que mes jambes fatiguées ralentissent, j'accepte mon sort imminent. Je fais une dernière prière quand j'aperçois la grange. Alléluia ! La porte est entrouverte ! À la vue de ce miracle, un nouvel afflux de sang circule dans mes cuisses et me permet une accélération. *Vade retro*, chèvre de Satan ! Je réussis à atteindre l'abri et à refermer la porte au moment même où les cornes de Gwendo El Diablo me frôlent les mollets. Une fois m'être assurée que le loquet est bien sécurisé, je me laisse glisser sur le sol. À l'extérieur, la bête infernale continue ses coups de pression en cognant contre la porte. Je fulmine contre Alphonse Daudet ! Où est la toute mignonne Blanquette de monsieur Seguin ?! Hmmm ?! Voilà comment on induit les gens en erreur ! Oui, Alphonse, vos mensonges littéraires ont bien failli me coûter la vie. Ici, rien d'adorable ! Cet animal veut ma peau !

Je fais taire mes considérations pour appeler Ewen. Il faut qu'il me sorte de là avant que la porte ne cède. Je regarde l'écran de mon téléphone. J'ai à peine une barre de réseau qui oscille avant de disparaître ! Décidément, mon training ne peut-il pas s'arrêter à la course ? Faut-il encore que j'escalade ? Au milieu des bottes de paille, je dégote une échelle et me mets à grimper pour atteindre les combles. À mon arrivée, quelque chose s'envole avec fracas. Saisie par la peur, je manque de chuter en arrière. À coup sûr c'est une chauve-souris. On dit que c'est une idée reçue et que ces bestioles ne s'accrochent pas aux cheveux des gens… Je l'espère. Mais dans ce cas, pourquoi les avoir appelées « chauve-souris » ? Je ne peux m'empêcher de croire qu'il s'agit d'un moyen de nous avertir qu'elles jalousent la chevelure des humains, qui leur fait défaut ! Pendant que je cherche où Batman a bien pu se planquer, Biquette continue de se prendre pour un bélier… À force de tambouriner, elle va finir par s'élimer les cornes… Il faut que je me décide entre me faire scalper ou me faire embrocher. Je fais mon choix. Je me glisse dans la petite mezzanine et prie pour que la hauteur m'apporte du réseau. Hourra ! Deux barres. Pitié, Ewen ! Décroche…

— Allô, mon cœur ? Mais où es-tu ? Je te cherche partout…

— Pas partout, non… Je suis dans la grange…

— Hmmm… dans la grange… Mais il fallait me le dire si tu avais des envies coquines…

— Alors ce n'est pas trop l'idée. Il faut que tu viennes me sauver… Une chèvre enragée a décidé que j'allais payer pour toutes ses congénères qui ont terminé en peau de djembé !

— Qu'est-ce que tu racontes ?

— Je t'expliquerai. Viens vite et surtout trouve une corde et une pelle.

— Tu veux que je la pende et que je l'enterre juste après, c'est ça ?

— Je t'assure, ce n'est pas le moment de plaisanter… Elle est plus agressive que moi face à quelqu'un qui tape dans mon assiette. Il faut la maintenir à distance et l'attraper. Je t'en supplie, fais vite tant que j'ai encore mes cheveux…

— Tes cheveux ?

— Oh ! laisse tomber… Sors-moi de là.

Quelques minutes plus tard, j'entends la voix d'Ewen ainsi que celles d'autres hommes. À leur ton badin, la situation ne semble pas les effrayer pour un sou. Après quelques instants, Ewen cogne à la porte.

— Camille, c'est bon… Tu peux sortir. Babouche est immobilisée.

— Babouche ? C'est comme ça qu'elle s'appelle ?!

Tu m'étonnes que la chèvre est sur les nerfs !! Tous les jours, on lui rappelle en quoi elle risque de finir ! Autant l'appeler Côtelette directement !

Je m'extirpe de ma tanière, me cogne le sommet du crâne au passage et descends l'échelle avec précaution. Une fois le loquet levé, je passe la tête avec méfiance.

— Elle est où ?

— Plus loin, là-bas. Regarde…

En effet, je vois bien une chèvre. Elle trottine au côté de son propriétaire qui la tient par une corde. Mais ce n'est pas du tout la créature féroce qui voulait me dévorer quelques minutes plus tôt. Qui est cette chèvre ? On l'a forcément échangée ! Celle-ci ne braille pas, semble calme et se dandine même avec une insolente décontraction.

— Je t'assure qu'elle était furieuse. Elle m'a coursée et j'ai bien cru finir aussi perforée qu'un gruyère…

Ewen rit tout en m'ôtant des brins de paille des cheveux. J'ai la chance d'avoir un homme qui apprécie l'humour sous toutes ses formes, même celui que je génère à mes dépens… Je baisse la tête. Mes chaussures sont couvertes de terre, j'ai les jambes égratignées, et je retire même un collier fait en toile d'araignée tout en chassant l'idée que son joaillier puisse encore se trouver sur moi. Je crois que j'ai suffisamment eu de sensations fortes pour ce soir. Mon petit ami me regarde avec les yeux qui pétillent et je ressens tout l'amour qu'il me porte.

— Tu es incroyable…

— Non, je suis sale…

— Vraiment, il n'y en a pas deux comme toi…

— Et heureusement ! Je suis clairement le seul prototype. Ils ne sont pas fous là-haut, après m'avoir créée, ils ne se sont pas risqués à en sortir toute une série…

Ewen éclate de rire et enchaîne :

— Camille Sagnier… Est-ce que… Est-ce que tu veux devenir ma femme ?

— Hein ?

— Est-ce que tu veux bien m'épouser ?

Je ne m'étais jamais vraiment imaginée la fois où l'on me ferait une demande en mariage mais ce qui est certain, c'est que je n'aurais pas misé sur le combo robe en drap et chaussures crottées. Mais un homme qui vous veut à ses côtés malgré votre look d'épouvantail et votre propension à attirer les situations loufoques est un homme qui vous aimera toujours, non ?

— Et bah, je… de… Bah… Qu'est-ce… OUI !

Ewen m'embrasse fort. Et moi, je réalise. La vie est folle… Après avoir échappé à l'attaque d'une chèvre, je vais me marier…

11

Quatre jours que mon petit ami m'a demandée en mariage et quatre jours que je fais tout pour ne pas aborder le sujet… C'est insensé ! Je devrais sauter de joie, passer mes soirées sur le Net à chercher une robe ou appeler Maddy pour lui raconter. Mais je ne fais rien de tout ça. Je n'arrive pas à comprendre mon état. Alors pour éviter d'y penser, je me plonge dans le rangement. Tout ce que je n'avais pas réussi à terminer après l'emménagement a été expédié. J'ai fixé les cadres au mur, monter les quelques petits meubles restants et je passe mes soirées à faire des allers-retours à la cave. Pour la réaménager, la désengorger et surtout éviter d'avoir à parler avec Ewen… Il ne se doute encore de rien. Il connaît mon inclination aux lubies et les accepte… Si ce n'est que, d'ici peu, je n'aurai plus rien à débarrasser. Mon comportement va finir par devenir louche et, surtout, je vais bien devoir reprendre les conversations avec mon amoureux… Pour le moment, cette cave est mon refuge. Je sens que ma petite cervelle a tout d'un pudding malmené par un bébé en colère. Je réarrange donc le mobilier en espérant que ce tri m'aidera également à remettre de l'ordre dans mes idées. Il est 21 heures, j'en suis à me demander si ce pot de peinture couleur aubergine me servira un jour, quand je l'entends : madame Bergeoise. Je m'apprête à passer la tête hors de mon box pour la saluer, mais elle s'adresse déjà à quelqu'un.

— Colette, vérifiez qu'il n'y a personne !

Son ton à la fois péremptoire et chuchotant me donne envie d'éteindre la petite ampoule suspendue qui m'éclaire. Ce que je fais aussitôt. Je ne veux pas qu'on détecte ma présence. D'abord parce que Françoise Bergeoise à beau cuisiner comme un chef étoilé, elle continue de m'effrayer, ensuite parce que je suis une petite fouine… Pourquoi veut-elle s'assurer que personne ne se trouve dans cette cave ? J'entends que les pas se rapprochent de moi. Je referme délicatement la porte et cale mon dos derrière pour la maintenir fermée. Arrivée à ma hauteur, une pression m'indique que « Colette » vient de vérifier mon box.

Mais que manigancent ces bonnes femmes ?

— C'est bon, il n'y a personne…

— Bien. Ouvrez le local, Colette. Évelyne ne devrait plus tarder…

— Je suis là…

Une troisième voix se fait entendre. Rauque. Presque comme un râle.

— Bonsoir, Évelyne… Comment va Bernard ?

— Bien, bien… Il s'est assoupi devant la télé…

— Et son genou, il y a de l'amélioration ?

— Oui, il prend ses médicaments contre l'arthrose… Enfin, quand il y pense…

— Ah, les hommes, tous les mêmes…

— Voulez-vous du thé ? Ou alors j'ai apporté du tilleul si vous préférez…

— Oui, plutôt une tisane pour moi, Colette… Je ne dors pas bien la nuit si je prends de la théine…

D'où je suis, je reconnais le son d'une bouilloire en action. Puis le tintement des tasses. Quelle drôle d'idée de se retrouver ici pour boire le thé… Madame Bergeoise et ses copines auraient-elles aménagé une sorte de bunker ? Seraient-elles survivalistes ? Le bruit de l'eau qui chauffe masque leur conversation, mais je comprends qu'elles sont en train de s'installer. Une fois les boissons servies, j'entends ma voisine reprendre la parole.

— Bien, nous allons pouvoir commencer… À l'ordre du jour, il y a le cas de la jeune étudiante du 7e, Sophie Berthelot. Elle fume dans son appartement et l'odeur est gênante dans les parties communes. Nous lui avons déjà signalé notre mécontentement, mais elle ne semble pas vouloir respecter nos consignes… Il y a également celui de madame Livia, qui arrose ses plantes trop tôt en soirée et dont l'eau tombe sur le balcon d'Évelyne… N'est-ce pas ?

— Tout à fait ! L'autre soir, ma table de jardin était recouverte de gouttes !

Bon sang ! Le rendez-vous des mamies n'a rien d'un *tea time*. Elles sont en plein tribunal secret pour dresser la liste des coupables ! Avec précaution, j'entrouvre la porte. D'où je suis, j'arrive à apercevoir les deux autres agents d'exécution, qui m'étaient jusqu'ici inconnues. Je suis saisie ! Si Françoise, avec sa bonhomie extérieure mélangée à une sévérité cruelle, m'avait rapidement fait penser au personnage du professeur Ombrage dans la saga du jeune sorcier, ses collègues ne sont pas en reste. Colette a tout de Rusard, le concierge de Poudlard. Grande, les cheveux filasses, vêtue d'un long gilet noir usé, son regard est à la fois apeuré et inquisiteur. Quant à Évelyne, elle est l'incarnation humaine de l'odieux elfe de maison, Kreattur. Certes, elle n'est pas chauve, mais son carré blond cendré n'occulte en rien son long nez crochu et sa mâchoire en avant. Son apparence décharnée, son teint grisâtre et sa bouche qui ne s'ouvre que pour laisser passer des phrases au ton acerbe en font un être épouvantable.

— Alors, que proposons-nous pour la petite fumeuse ? Je vous rappelle que c'est une récidiviste..., demande Françoise.

— Je pense aller voir mon docteur, enchaîne Kreattur. On se connaît bien, c'est un ami, il n'hésitera pas à me faire un bilan attestant que mes poumons sont en souffrance à cause de sa fumée intempestive. À la suite de quoi nous pourrons l'envoyer à son propriétaire. Il est probable que, après cela, il ne renouvelle pas son bail à la fin de l'été. Les propriétaires retrouvent vite des étudiants. Ils n'aiment pas que leurs jeunes locataires créent des troubles de voisinage.

— Très bonne idée, Évelyne. Faites donc. Concernant madame Livia, je suggère une dernière chance. Mais si elle ne change pas ses habitudes, elle n'aura bientôt plus de plantes à arroser. J'ai de quoi les faire crever en quelques jours…

Je peine à croire ce que j'entends ! J'assiste à une réunion des descendantes du Ku Klux Klan. Je pensais avoir tout entendu, mais mon corps se raidit davantage, et pour cause :

— Et vous, Françoise, vous avez reçu chez vous le jeune couple qui est arrivé il y a quelques semaines, n'est-ce pas ? Qu'en pensez-vous ? interroge Colette.

— Il faut les garder à l'œil, enchaîne Bergeoise. Lui est malléable. Il pourrait nous être utile pour quelques services d'entretien ou de travaux… Mais elle, il faut s'en méfier, je la sens rebelle… Bête, mais rebelle.

Comment ça, « bête » ?! Mais pour qui se prend cette vieille charogne ? Il m'arrive d'être un peu candide et parfois même empotée, je le reconnais… De là à insulter mon intelligence… Quelle saleté ! Je savais que mon instinct ne m'avait pas trompée…

— Je pense qu'ils se sépareront dans peu de temps. Les couples d'aujourd'hui ne tiennent pas dans la durée… Lui a une bonne situation, il travaille dans un salon de thé pas loin d'ici… C'est une affaire familiale. Mais elle, c'est une farfelue… une saltimbanque. Elle vit sûrement à ses crochets. Après leur rupture, cela m'étonnerait que ce soit elle qui garde l'appartement.

Sacrée morue ! Que de jugements, que d'*a priori*... Quelle laideur que ces harpies ! J'ai une furieuse envie de leur sauter à la gorge, de les remettre à leur place, mais je me ravise. Agir dans l'instant n'apporterait rien de bon. Ce sont des momies royales. Elles sont ici depuis toujours, ont mis tout le monde dans leur poche et se sont débarrassées des autres. Je ne gagnerais rien à réagir dans l'immédiat, et surtout, je redoute l'enfer qu'elles sont capables de me faire vivre. Je tente de faire redescendre la température de ma boîte crânienne quand mon corps fait un bond. Ou plus précisément ma cuisse. Mon téléphone vibre dans ma poche ! Je me jette dessus pour le couper. L'appel en absence m'informe qu'il s'agit de l'agence avec laquelle je travaille parfois en free-lance. Si elle m'appelle à cette heure tardive, c'est que c'est urgent. J'écoute le message laissé sur le répondeur. C'est Élodie, la responsable. Elle me demande si je suis disponible demain matin pour un rendez-vous avec Thierry Madiran, un gros producteur de cinéma... Je connais son travail. C'est une opportunité incroyable. Je dois absolument dire oui. Là ! Tout de suite ! Je connais trop le fonctionnement. Sans réponse de ma part dans les cinq minutes, elle appellera un autre réalisateur qui ne sera pas coincé dans une cave à écouter les plans machiavéliques de la secte des vieilles sorcières. Il décrochera et acceptera le rendez-vous à ma place. Répondre par texto n'est pas très professionnel mais je n'ai que cette option. Je tape mon message et appuie sur « envoi ». Mon SMS ne part pas. C'est bien ma veine. Comment puis-je avoir suffisamment de réseau pour un appel mais pas assez pour un malheureux petit « Oui, comptez sur moi pour demain » à l'écrit ? Bon sang ! Il faut que je sorte d'ici sans que ces affreuses comprennent que je les ai espionnées ! Mes yeux se posent sur mon pot de peinture couleur aubergine… Oh oui ! C'est ça ! Voilà pourquoi je l'ai gardé toutes ces années ! C'est aujourd'hui que son utilité va se révéler. Je l'ouvre délicatement et j'en dépose une traînée sur le haut de mon crâne et le long de mon front. Cela me fend le cœur de tout remettre en désordre mais je n'ai pas le choix. Il faut que cela soit crédible. Dans le plus grand des silences, j'éparpille au sol les objets prétendument tombés et je finis par m'allonger avant d'entrer en action.

— Aaaahhh… Il y a quelqu'un ?

Je viens de prendre la même voix que celle des lendemains de cuite et je trouve qu'elle s'accorde parfaitement avec celle de la fille qui vient péniblement de se réveiller après s'être fait assommer…

— S'il vous plaît, quelqu'un m'entend ?

Il y a de l'agitation. Les toupies ont pris conscience de ma présence.

— Qui est là ?

La chef des odieuses a pris les commandes.

— Madame Bergeoise ? C'est moi, c'est Camille… Vous pouvez venir m'aider. Je suis au box 7…

Étendue de tout mon long, je coince la porte avec mon pied pour que Gerbille soit obligée de forcer un peu. On a le sens du détail ou on ne l'a pas ! Quand elle me découvre, je devine son angoisse et sens poindre sa colère. Elle allume la lumière et c'est le moment pour la Sarah Bernhardt qui est en moi de passer à l'acting.

— Dieu merci, vous êtes là ! Je mettais de l'ordre dans la cave et je crois que la friteuse a dû me tomber sur la tête… Je me suis effondrée…

— Depuis combien de temps êtes-vous ici ?

Mais quelle carcasse, celle-là ! Voilà donc sa première question en me voyant gémir ? Aucune empathie pour les blessés !… Alors, bien sûr, je n'ai rien, mais elle n'est pas censée le savoir ! La seule chose qui l'intéresse c'est de découvrir si j'ai été le témoin de leurs misérables projets…

— Je ne sais pas… Peut-être une heure… Je viens à peine d'ouvrir un œil… Vous pouvez m'aider à me relever ?

Suspicieuse, Bergeoise s'exécute néanmoins. C'est le moment pour moi de me passer la main dans le crâne.

— Oh mon Dieu ! je saigne !

Bergeoise me fixe froidement puis rétorque :

— Je crois plutôt que c'est de la peinture…

Je déglutis. Je pensais vraiment que cette couleur passerait pour une traînée de sang séché… À moins que le pot posé au sol et refermé soigneusement par mes soins ne m'ait trahie… Mais quelle potiche je fais !

— Ah oui ! peut-être… Je ne sais vraiment pas ce qui s'est passé. J'ai un mal de tête… Je crois que je vais appeler un médecin tout de suite. Dans la famille, on est sujet aux traumatismes crâniens…

Mais qu'est-ce je raconte ? Ce n'est pas une maladie qui se transmet…

Bon, plus le temps de me rattraper, il faut que je déguerpisse…

— En tout cas, heureusement que vous étiez là… Je pense que si je m'étais réveillée seule, dans le noir, sans personne pour m'aider, j'aurais probablement fait une crise de panique… Merci…

— Je vais vous accompagner jusqu'à votre appartement…

Oh ! cette manière de proposer qui n'en est pas une… ! Brrrrr… Je sais qu'il n'y a rien de bienveillant derrière. Elle ne veut pas s'assurer de ma sécurité, elle veut me tirer les vers du nez…

— Non, ne vous embêtez pas. Je vais y arriver, lui réponds-je en refermant rapidement la porte de ma cave. J'y vais vite. Bonne soirée…

— Faites attention à vous. Et utilisez du White Spirit, pour la peinture… Sinon ça s'incruste… longtemps.

Saint Ripolin, faites qu'elle arrête de me parler. Tout chez elle sonne comme un avertissement. J'ai le sentiment d'être la prochaine cible d'un agent du KGB.

Je me faufile sans même jeter un regard à la salle des complots. Je fais comme si elles n'existaient pas… pour le moment.

Dans le hall de l'immeuble, je m'active pour rappeler la responsable de l'agence. Splotch ! Eh allez… ! Machinalement, je viens de coller mon téléphone à l'oreille du côté où la peinture a dégouliné. Je sens la matière s'étaler sur ma joue !

Pourvu que cette soirée se termine sur une bonne nouvelle.

— Oui Isabelle, c'est Camille. Je vous en prie, dites-moi que c'est encore bon pour le rendez-vous de demain ?

11

Ce matin, je n'ai jamais tant regretté que l'expression « prendre son café par intraveineuse » ne soit qu'une image. Je suis exténuée. Dire que je n'ai pas les yeux en face des trous serait même mensonger. Le syndicat des globes oculaires pourrait m'intenter un procès pour diffamation si j'osais parler d'yeux pour décrire ces deux bouts de chair qui peinent à se relever. Après ma découverte d'hier, je suis rentrée à l'appartement, pleine d'angoisse et d'acrylique. Heureusement, Ewen s'était déjà endormi et j'ai pu éviter de lui expliquer pourquoi je ressemblais à une joueuse de paintball. De mon côté, je n'ai pas réussi à trouver le sommeil. J'ai hésité à le réveiller pour lui proposer une foule d'activités. Dans le cadre de mon projet « immobilisation du gang des fripées par fracture du col du fémur », un lancer de peaux de banane ou le cirage des marches me semblait approprié. Pour autant, comment aurais-je pu décemment l'assommer avec mes histoires de voisinage tout en fuyant le sujet du mariage ? Mais à chaque jour suffit sa peine… Pour le moment, je dois réussir à faire bonne figure pour mon rendez-vous avec Thierry Madiran. Hier soir, après un bref échange par SMS avec le producteur, nous sommes convenus de nous rencontrer à 10 heures aujourd'hui. Il est un des hommes de l'ombre les plus lumineux qui soient. On lui doit plusieurs films poignants, il a reçu de nombreux prix et ses choix de production sont toujours pertinents et sensibles. Échanger avec lui est déjà un honneur et je refuse de saboter cette opportunité en repensant à ces vieilles chouettes.

Je patiente depuis déjà une bonne demi-heure dans un bureau qui fait office de salle d'attente. De toute évidence, les gens de talent sont au travail très tôt. Mon problème à moi est bien plus trivial… C'est qu'à force d'attendre, je commence à avoir très envie de faire pipi. En arrivant, c'était à peine perceptible et je n'ai pas voulu me rendre aux toilettes au risque de faire attendre le producteur. Maintenant que le temps s'éternise, mon envie devient pressante et j'hésite toujours à m'absenter de peur de louper le moment… Un mur de questions se dresse devant moi. Vaut-il mieux se soulager et être tout à son rendez-vous, même si cela signifie expliquer les raisons de son absence… ? Ou est-il préférable de serrer les fesses et ainsi préserver une bonne première impression ? J'ai bien du souci avec mes réflexions urinaires… Une vibration dans la poche de mon pantalon me sort de mes pensées. C'est Maddy qui m'envoie un SMS : « Tu passes boire un café à la maison ? »

Si j'étais disponible, je lui aurais demandé de m'en faire couler une citerne. Et, avec les cris de Léa, je me serais sans doute réveillée instantanément… Depuis quelques jours, la petite semble bien décidée à expérimenter tous les aigus de sa voix. Dernièrement, au téléphone, j'ai même cru qu'une sirène s'était déclenchée chez Maddy. C'était à s'y méprendre.

Je lui réponds rapidement à l'écrit : « Je ne peux pas, j'entre en RDV avec Thierry Madiran, tu sais, le producteur de *Nuit sans étoile*…

— Oh ?! Mais c'est super ! Tu dois être comme une dingue. Raconte-moi dès que tu peux…

— Oui. Je te dirai tout. »

Juste le temps d'appuyer sur « Envoyer » et j'entends quelqu'un parler. Fort. Très fort. C'est le producteur. Il avance dans le couloir, téléphone à la main : « Mais c'est mauvais ! Ce sont des incapables, des incompétents ! Hors de question que j'y aille. Je m'en fous… » En prenant conscience de ma présence, il me jette un regard épouvanté qui me fait aussitôt regretter de ne pas porter de couches pour l'incontinence. Heureusement, mon périnée est encore en bon état de marche.

— Vous êtes qui ?

— Camille Sagnier… On devait se voir à 10 heures…

— Mais pourquoi personne ne me prévient ?! hurle-t-il en l'air avant de reprendre son échange téléphonique. Bon, on se rappelle plus tard mais tu leur dis non ! Je ne négocie pas avec les abrutis !

Thierry Madiran vient de raccrocher et j'attends qu'il m'invite à le suivre, mais l'homme de cinéma semble désorienté.

— Sandra ? Sandra ?!

Une jeune femme accourt. Celle-là même qui m'a ouvert une demi-heure plus tôt, m'indiquant où patienter.

— Pourquoi je ne suis pas au courant de ce rendez-vous ?

— Heu… si… Il est noté dans votre agenda, et je vous l'ai rappelé ce matin et à l'arrivée de la dame… lui répond-elle en me désignant.

Madiran entrouvre la bouche mais n'émet aucun son. Il se fige et la lueur de vie dans ses yeux disparaît. Il donne l'impression de s'être soudainement échappé de son corps. Il finit par revenir à lui et balaye l'information.

— Bon, bon, on verra ça plus tard. Venez avec moi, me fait-il.

Son air lunaire dénote avec le charisme qui se dégage de lui lors de ses interviews. Une fois installés dans son bureau, je remarque à quel point l'endroit est en désordre. Des piles de scénarios entassés prennent la poussière ; de nombreuses tasses pleines de café séché crient : « Lavez-nous ! » et son pull noir, que je croyais moucheté, est en fait couvert de pellicules. Il fait un demi-tour sur sa chaise à roulettes et prend ses aises.

— Alors… Je ne sais pas si vous me connaissez un peu…

— Oh, si, si, j'adore votre travail, m'empressé-je de répondre.

— Ah oui ? Qu'avez-vous apprécié de moi ?

— Oh, *Nuit sans étoile*, *Les Petits Carreaux*, *Un violon pour deux*...

— En effet, je vois que vous avez une grande culture... Vous saviez que, pour *Un violon pour deux*, personne n'y croyait au départ ?

— Vraiment ?

— Personne ! Il a fallu que je me batte pour convaincre les investisseurs et même Hervé Bazin, le réalisateur...

— Pourtant vous aviez déjà travaillé ensemble, si je ne me trompe pas ?

— Oui, sur trois films avant celui-ci... C'est même un ami depuis dix ans... Mais, à la lecture de l'histoire, il ne voyait pas le potentiel...

Le producteur me raconte les coulisses de tous ces films que j'ai adorés et je me sens extrêmement privilégiée. Sous ses airs à la fois emportés et loufoques, voilà le génie que j'admire...

— Mais dans le fond, Hervé est un con...

— Pardon ?

— C'est un con... Il n'a pas de flair. Sans moi, il n'aurait pas la carrière qu'il a aujourd'hui. C'est un bon technicien, mais heureusement que je suis derrière lui...

J'ai du mal à trouver la réaction appropriée. Est-il vraiment en train de dénigrer son réalisateur fétiche ?

— C'est comme Louis Korski... Meilleur espoir l'année dernière, pas vrai ? Eh bien, je peux vous dire que, avant de jouer dans mon film, ce n'était pas gagné. Il était à la limite du mauvais, vraiment ! Il a fallu tout revoir… Après, il a une belle gueule, on ne peut pas lui enlever ça… Mais son élocution… Une catastrophe !

Je fais mon maximum pour ne pas m'effondrer sur ma chaise. Madiran n'est peut-être pas vendeur de prêt-à-porter, mais il faut reconnaître que, grâce à lui, les gens sont habillés pour l'hiver.

— Vous voyez, on dit souvent de moi que je suis un génie… Mais je crois surtout que je suis en avance, je vois au-delà… Je capte, je révèle, je transforme, j'améliore…

— Vous êtes un peu comme un exhausteur de goût, quoi…

Ma réponse n'avait pas pour vocation de le flatter, au contraire, mais il la reçoit avec un enthousiasme surprenant.

— Mais c'est ça ! Exactement ! Je suis un exhausteur de goût… Je donne de la saveur…

Je ne sais plus vraiment s'il apporte de la saveur au talent des autres, mais une chose est sûre, ses propos, eux, sont nauséabonds. Au propre comme au figuré. À mesure qu'il continue de parler, l'odeur de son haleine m'assomme et va finir par avoir raison de mon estomac. C'est épouvantable. Prenez un vieil animal décédé depuis plusieurs jours, planquez-le dans une poubelle, laissez-le macérer encore une semaine, puis soulevez le couvercle et respirez à pleins poumons ! Vous obtiendrez l'équivalent probable du fumet buccal de Madiran. Je fais mon possible pour retenir ma respiration, mais la difficulté est grande ! Je contiens déjà ma vessie… Dans moins d'une minute, je devrai relâcher l'un ou l'autre. Ma survie en dépend ! Et à ce niveau de fétidité, je crois que je préfère encore uriner sur ma chaise.

Contre toute attente, le téléphone portable du producteur sonne. Il hésite à décrocher, mais cet appel est mon salut. Je ne dois pas laisser passer l'aubaine.

— Je vous en prie, prenez l'appel, je vais patienter dehors…

— Non… je le rappellerai.

— Ça ne me dérange pas, vraiment…

Je ne peux pas être plus convaincante. Je suis déjà à la porte, main sur la poignée. Une prouesse technique quand on sait à quel point il est difficile de se mouvoir la vessie pleine. Je sors et me précipite aux toilettes. Par la barbe de n'importe quel chevelu, que c'est bon de se soulager ! On minimise bien trop souvent le pouvoir totalitaire du corps ! C'est lui qui décide de tout… Vous pouvez être la personne la plus riche, la plus élégante, la plus intelligente, si votre corps a décidé que ses désirs passeront avant les vôtres, préparez-vous à une bataille de haute voltige. Pendant que ma vessie se prend pour une cascade, j'en profite pour écrire un SMS à Maddy. Et dire que quelques minutes plus tôt, en rencontrant cet homme, je pensais réaliser un de mes rêves ! Quelle déception ! J'ai beau travailler dans le milieu et savoir que les artistes que l'on admire à l'écran ne sont pas forcément des personnes admirables dans le privé, la part de fan qui est en moi l'espère toujours un peu.

« Coucou Mad, message rapide, je suis encore en RDV. Ici c'est l'horreur. Le gars se prend pour Dieu. Il s'écoute parler. Il critique tout le monde alors qu'il pue du gosier aussi fort qu'un décédé. Et je ne te parle pas de ses pellicules… On pourrait fabriquer au moins 20 boules à neige avec. Au secours. »

J'envoie. Je sais que cela la fera rire. Je termine enfin ma petite affaire et retourne en direction du bureau. Pour le moment, je ne sais toujours pas en quoi consiste ma mission et je n'ai d'ailleurs plus envie d'y donner suite. À moins d'une proposition extraordinaire, je pense décliner.

Je toque délicatement à la porte.

— Entrez…

— Vous avez terminé votre conversation ?

— Comme vous pouvez le constater… Bien, reprenons…

Je regagne ma place après avoir inspiré une bouffée d'oxygène le plus discrètement possible.

— J'aurais besoin de vous dans trois jours, pour enregistrer une interview de Delhya Magilton, chez elle, à Londres… Elle a des exigences, comme toutes les jeunes divas anglo-saxonnes… Pardon, le mot « diva » ne vous dérange pas trop ?

Je suis interloquée par sa question et le ton qui l'enrobe.

— Heu… Non…

— Bien. Donc, cette comédienne, qui contractuellement doit faire la promotion du film que je coproduis, refuse de répondre aux journalistes hommes, ne veut pas d'une personne de plus de quarante ans, exige que ce soit tourné chez elle et réclame une entrevue en français, car elle est actuellement en train d'apprendre la langue. Bref, elle confond interview et cours à domicile. L'agence m'a donc proposé votre profil…

Note pour moi-même : rappeler à l'agence que pour les plans galères, mon numéro n'est plus attribué. Je connais Delhya Magilton pour l'avoir vue dans quelques films. C'est une actrice talentueuse, certes, mais la perspective d'avoir à subir ses caprices de star ne m'enchante pas du tout. De plus, demain, je dois me rendre à la maison de retraite tenue par l'ami d'Yvon pour le tournage du spectacle de mime. Enchaîner deux missions de travail foireuses coup sur coup, c'est comme engloutir un cassoulet suivi d'un Paris-Brest, c'est indigeste.

— Je vois… Malheureusement, je ne crois pas être la personne la mieux adaptée pour ce type de mission…

— Ah… ! Vous ne le sentez pas, c'est ça ?

Madiran me fixe et j'essaye de saisir le sens exact de sa pensée.

— Finalement, le projet ne vous chauffe pas… Il vous refroidit comme une balade pieds nus dans la neige ?

Mais qu'est-ce qu'il raconte ? Il a décidé de me parler en langage crypté maintenant ?

— Vous n'y croyez pas… Un peu comme une athée…

Le producteur rit de manière forcée et je sens une décharge me parcourir le corps en même temps que le feu me monter aux joues. Non ! C'est impossible… Je n'ai pas fait ça !

— Nous sommes dans l'urgence, ce serait donc très appréciable de votre part d'accepter… Je vous laisse un petit instant pour y réfléchir… Je reviens.

L'homme de cinéma quitte le bureau et je me jette sur mon téléphone tout en priant mentalement. Pitié, faites que j'ai bien envoyé mon SMS à Maddy… Un coup d'œil rapide annihile tous mes espoirs sur l'existence des miracles.

Dernier texto envoyé ? Il y a quatre minutes, à… Madiran ! Le chargement d'un trente-trois-tonnes vient de me tomber sur la tête ! Le producteur sait donc parfaitement ce que je pense de lui et n'a pas hésité à me le faire comprendre. Pouvons-nous considérer que prendre la fuite est une option satisfaisante ? Je pourrais me terrer dans un endroit isolé, sans connexion internet, changer de nom, tout recommencer à zéro et tenter d'oublier ? Cela m'est déjà arrivé d'envoyer un message à un mauvais destinataire. Rien de grave ou de compromettant. Juste une information de type heure de rendez-vous, suivie d'une petite blague… Pourtant, cette simple erreur a déjà le potentiel de me mettre dans un état de stress et de honte bien au-dessus de la moyenne… Alors imaginez comme la probabilité de survivre à ce que je suis actuellement en train d'expérimenter me semble nulle.

Le producteur revient et je suis presque sûre de ne pas avoir encore cligné des yeux. Il se poste devant moi, l'air serein.

— Alors, Camille… Je peux compter sur vous, n'est-ce pas ?

Je hoche la tête à l'affirmative. De toute façon, je suis en état de sidération. Il pourrait me demander de grignoter un carnet de notes ou de m'habiller avec du papier bulle, je serais d'accord.

— Formidable. Je vous laisse voir avec Sandra pour le contrat et la feuille de route.

Tel un automate, je me lève sans un mot, penaude.

Juste avant de prendre la porte, Madiran m'assène le coup de grâce.

— Avant de partir, voulez-vous un petit chewing-gum pour la route ?

Je regarde le paquet de dragées à la chlorophylle qu'il me tend.

— Oui, volontiers…, dis-je pathétique.

J'enfourne la gomme à mâcher en regrettant qu'il ne m'ait pas proposé un peu de mort-aux-rats. La fin de mes souffrances aurait été appréciée.

12

De retour à la maison, je trouve Ewen la tête dans la boîte à outils. À cette heure précise, il devrait être au salon de thé. Submergée par la fatigue et les émotions, je me jette dans ses bras.

— Mon cœur… Qu'est-ce qui se passe ? Ton rendez-vous s'est mal passé, tu n'as pas été prise ?

— Siiii…

Sans m'en apercevoir, je suis déjà en train de me moucher sur son épaule.

— Alors pourquoi ces larmes ?

Que répondre ? Mes larmes sont-elles dues au manque de sommeil après la découverte du club des odieuses ? Ou parce que j'ai critiqué le producteur de cinéma et que j'ai été démasquée ? Au fait que je suis une Miss Catastrophe de jour comme de nuit ? Que j'aime un homme adorable mais que je n'arrive pas à me réjouir à l'idée de m'unir à lui ? Que j'ai l'impression que j'ai tout pour être heureuse, sauf la capacité à l'être… ?

Une boule me serre la gorge et le ventre. J'ai l'impression de ne pas mériter autant d'attention… J'ai peur aussi que ma folie finisse par le lasser. Je préfère esquiver.

— Tu ne travailles pas aujourd'hui ?

— Si, mais il nous manque un tournevis au salon de thé… Je suis venu en récupérer un à la maison… Mais on s'en fiche, dis-moi ce qui ne va pas…

Je me heurte à mon propre mutisme.

— Allez, raconte-moi.

— Mais Gaëlle doit t'attendre là…

— Ne t'en fais pas pour ça. Je t'écoute…

Durant un bon quart d'heure, je raconte l'épisode de mon malencontreux SMS, ce qui a pour résultat de faire pleurer de rire mon amoureux… J'envisage sérieusement de le poster devant un mauvais spectacle de comique amateur afin d'appréhender son sens de l'humour… Puis j'enchaîne avec l'histoire des mémés méchantes. Il m'écoute attentivement, écarquille les yeux autant que la bouche et j'ai beau savoir qu'il ne remet pas ma parole en doute, je crains qu'il ne songe quand même à me faire passer une IRM à l'occasion… Une fois mon récit terminé, Ewen prend un temps avant de s'exprimer et j'attends, fébrile, sa réaction.

— Tu veux qu'on déménage ?

— Quoi ?

— On peut tout à fait décider de partir…

— Mais c'est chez nous… et en plus on vient à peine d'arriver.

— Chez nous, c'est là où on le décide. La seule chose qui compte, c'est de se sentir bien et heureux… Si l'on doit côtoyer de vieux grumeaux aigris qui épient nos moindres faits et gestes dans l'intention de nous le faire payer, aucune obligation de rester.

Je me demande ce qui m'interpelle le plus. Le voir si affirmatif et décidé, lui qui est d'habitude si tempéré et conciliant, ou l'avoir entendu dire « vieux grumeaux aigris » pour parler des voisines. Je balaye des yeux l'appartement en envisageant de le quitter. L'idée de ne plus croiser Bergeoise m'enchante, pourtant quelque chose me retient. Ce serait injuste… Pour nous, mais aussi pour les victimes de leurs petites perfidies… Non. Je refuse. Je ne sais pas si l'étudiante du 7e fume au point de transformer les parties communes en brouillard épais ou si madame Livia confond arrosage de plantes et jet de Canadair… Ce dont je suis convaincue en revanche, c'est que les méthodes punitives de ces trois bonnes femmes sont odieuses et que je suis en désaccord avec l'idée de fuir sans réagir.

— Je n'arrive pas à laisser tomber. Je m'en voudrais. Je ne sais pas encore comment, mais je dois trouver un moyen de calmer ces sangsues… Tu comprends ?

— Tout à fait…

— Tu ne me trouves pas trop stupide ?

— Je n'en attendais pas moins de toi… Camille justicière… Il ne te manque plus que la cape… Mais il t'en faudrait une assez courte, tu risquerais de te prendre les pieds dedans sinon, ajoute-t-il plein de tendresse.

Je souris en me visualisant avec un costume ajusté. Ewen reprend :

— Pense à faire une petite sieste, tu en as bien besoin là…

— Oui… Avant je vais préparer mon matériel vidéo pour le tournage de demain… La maison de retraite m'attend…

— Encore une folle mission pour Super-Camille…

— Je n'attends plus que mon justaucorps rouge à paillettes.

— Allez, je file. Ce soir je te ramènerai un petit fourré à la confiture pour te réconforter.

— Tu es un ange…

Ewen s'apprête à sortir puis se ravise.

— À ton retour, on prendra un peu de temps pour parler de ma demande ?

— Bien sûr, mon amour…

— Je t'aime…

— Je t'aime aussi.

Alerte ! Alerte ! On y est. Mon amoureux sent que quelque chose ne va pas. Je vais devoir rapidement me mettre au clair avec moi-même. Moi qui pensais retrouver mon copain Morphée, mon petit doigt me dit qu'on va reporter notre rendez-vous une fois encore…

13

— Voulez-vous un bol de potage ? C'était carottes-pommes de terre aujourd'hui... Il doit en rester.

Si je me fie aux effluves qui se dégagent encore du réfectoire de la maison de retraite, j'aurais davantage misé sur un bouillon de pieds macérés.

— Ça ira, je vous remercie.

— Donc, c'est ici que viennent manger nos résidents s'ils le souhaitent. Sinon ils ont une kitchenette dans leur studio et se préparent eux-mêmes leurs repas...

— Ah, sympa.

— Je vous montre nos salles communes ? C'est là-bas qu'aura lieu la représentation.

— Allons-y, oui.

Michel Blois, le directeur de l'établissement, me fait la visite. Honnêtement, je suis agréablement surprise. Mes grands-parents ont vécu dans leur maison jusqu'au bout, je n'avais donc jamais mis les pieds dans un tel lieu. Et je me faisais une représentation pour le moins lugubre de ce genre d'endroit. Des murs gris, des écuelles en métal, des personnes recluses, habillées en haillons… Bref, l'imagerie d'un asile psychiatrique glauque du début du XXe siècle. Ici le parc est verdoyant et les intérieurs plutôt bien décorés… Si tant est qu'on apprécie les frises imprimées citrons et grappes de raisin.

— Alors nous avons deux salles communes. Dans la petite, vous trouvez le coin télévision ; cette salle sert aux activités dessin, lecture. Et la plus grande, où nous organisons des lotos bingos, des cours de gymnastique douce, etc. Comme vous le voyez, nous avons déjà installé les chaises et une scène pour les artistes.

Pour ce qui est des chaises, je n'ai rien à redire. Quatre pieds, un siège, un dossier, tout y est. Pour la scène, en revanche, il s'agit de cagettes empilées, brunies à certains endroits et qui n'inspirent pas une franche solidité.

— Le spectacle débute dans moins de deux heures. Vous avez accès à tous les endroits pour votre vidéo… Nous avons un très joli potager et nous avons repeint la façade extérieure et les volets il y a moins de six mois, n'hésitez pas à les filmer si vous le souhaitez…

— Vous ne préférez pas que je filme le spectacle de mime plutôt ? fais-je sur le ton de l'humour.

— Oui aussi, bien sûr…

Aïe ! Il n'a pas compris la boutade. Mais j'ai l'habitude de ce type de clients. Ils souhaitent que l'on mette en image toutes leurs petites fiertés, même si elles ne sont pas en rapport avec la demande initiale. C'est une faveur que j'accorde à mon bien gentil patron Yvon. Je prends cette mission comme un tournage de film d'anniversaire. Il leur en restera un souvenir vidéo qu'ils diffuseront au cours d'une soirée télé.

— Comptez sur moi, je vais mettre votre établissement en valeur.

— Si vous avez besoin de quoi que ce soit, n'hésitez pas à passer dans mon bureau.

— C'est entendu.

— À tout à l'heure alors.

Le directeur tourne les talons et je m'attelle à mettre en place mon matériel vidéo.

Je décide de partir sur le classique salade-tomates-oignons, à savoir : tourner des plans d'illustration, interroger les résidents, filmer le spectacle. Je décide de commencer par les extérieurs et me rends dans le jardin. Une fois les arbres, le potager et la façade mis en boîte, je me dirige vers un petit monsieur, assis sur un banc.

— Bonjour, je m'appelle Camille. Je tourne une vidéo pour les dix ans de l'établissement. Si vous me le permettez, j'aimerais savoir si vous comptez assister au spectacle donné pour l'occasion ?

J'attends une réaction, mais je n'ai même pas droit à un battement de cils. Je reste statique quand une voix m'interpelle.

— Il ne vous répondra pas...

Je me retourne et vois arriver dans ma direction une mamie sourire, pleine de dynamisme.

— Inutile d'insister, vous n'obtiendrez aucune réponse, il n'entend jamais rien.

— Oh… ! Il est sourd ?

— Pas du tout ! Mais il fait bien semblant… Pas vrai Léon ?

Le bout de femme s'assoit aux côtés du papy et continue de le charrier.

— Hein, mon vieux, tu n'es pas plus sourd que moi, mais tu joues extrêmement bien la comédie…

L'homme ne réagit pas. Il continue de fixer l'horizon et j'en viens à me demander si elle n'a pas tort. Après tout, son audition est peut-être réellement diminuée.

— C'est que tu le fais bien suer, le personnel… En fin de journée, ils n'ont plus de voix.

Je commence vraiment à être mal à l'aise. J'ai l'impression de participer à une partie de moqueries.

— Avec toi, ils doivent beugler…

— Eh bah, comme ça, ça leur muscle le larynx…

Oh ! Il a répondu. Il n'a pas bougé d'un iota, mais il a répondu. La petite dame avait raison. Elle lui tapote le genou en éclatant de rire puis se relève.

— Eh oui mon Léon… ! Mais ensuite c'est chez moi qu'ils rappliquent tous pour me réclamer des pastilles adoucissantes… Tu me dois un paquet de bonbons au miel… Bon, tu viens voir le spectacle ?

— J'ai une tête à aller voir des clowns ?

— Ce sont des mimes…

— C'est pareil.

— Mais tu vas y assister, n'est-ce pas ?

— Hmmm… De toute façon, il n'y a que ça à foutre aujourd'hui.

— Parfait. Mais pense à lever ta carcasse tout de suite, si tu ne veux pas rater le début. Tu entends parfaitement mais tes gambettes ne sont plus de première fraîcheur.

La senior m'empoigne le bras comme une vieille amie et amorce la marche.

— Alors, comment vous appelez-vous, ma mignonne ?

— Camille.

— Moi, c'est Simone. Vous faites un documentaire sur nous, les vieux débris ?

— Les… Hein ? Oh non, je ne me permettrais pas…

Simone me décoche un clin d'œil malicieux et je repense à tous les noms d'oiseaux dont j'affuble Bergeoise et sa bande. De toute évidence, ma courtoisie semble être sélective.

— Je plaisante… Enfin, pas complètement. Mais on a bien le droit de se moquer de soi-même. Vous avez remarqué comme c'est compliqué de parler de nous ? Ils sont tous là à essayer de nous trouver un intitulé politiquement correct pour éviter de nous vexer… Les seniors, les retraités, les personnes âgées, les aînés… Mais on est des vieux et puis c'est tout. Tout le monde y passera, ce n'est pas une tare. On a connu la fraîcheur, maintenant on expérimente l'inverse…

Pourquoi vouloir édulcorer une étape naturelle du cycle de la vie… On dit bien « les jeunes », non ? Pourquoi pas « les vieux » ?

Ma nouvelle copine n'attend pas de réponse de ma part, elle a tout l'air d'avoir réfléchi à la question.

— Et, entre nous, pour avoir vécu les deux, je vous le dis, la jeunesse c'est beaucoup plus sympathique… Profitez-en.

— Oh vous n'êtes pas si âgée…

— J'ai soixante-dix-neuf ans.

— Mais non ? Vous ne les faites pas du tout !

C'est incroyable. J'hésite entre connaître son secret ou préserver l'omerta et lui éviter un kidnapping par un grand groupe de laboratoires cosmétiques.

— Je me maintiens. Mais s'il y a bien une chose que je regrette, c'est ma poitrine. J'avais de jolis seins qui tenaient tout seuls. Deux petites pommes bien fermes. Un peu comme les vôtres…

Je rougis. Le taux d'intimité dans notre toute fraîche relation augmente bien trop vite. Afin d'éviter de l'entendre me parler de descente d'organes, je décide de recentrer la conversation.

— Et vous, vous êtes contente du spectacle d'aujourd'hui ?

— Oh oui… Moi, vous savez, je suis heureuse dès qu'il y a de la vie… et des scones aussi. Vous aimez ça les scones ?

— À dire vrai, je ne connais pas bien, mais je vais justement en Angleterre après-demain…

— Vraiment ? Oh je vous en prie, mangez-en pour moi… Cela fait une éternité que je n'ai pas eu l'occasion d'en déguster…

— Je le ferai alors, dis-je en riant. Mais pour tout vous avouer, j'ai surtout un faible pour la confiture à la framboise. Mon petit ami et mes deux belles-sœurs tiennent un salon de thé et font des pâtisseries exceptionnelles.

— Oh ! Une gourmande doublée d'une maligne… Vous avez choisi la belle-famille idéale pour vous…

— Ce n'était pas fait exprès mais je reconnais que j'apprécie. Et mes poignées d'amour aussi… Elles se régalent.

— C'est bien pour ça qu'elles s'appellent ainsi. C'est la réserve de nos petites douceurs. Retrouvez-moi après la représentation, je vous ferai goûter des petits biscuits maison que je planque dans une cachette.

Le regard pétillant, Simone pose son index sur la bouche pour m'indiquer de rester discrète puis accélère le pas en direction de la maison de retraite.

J'en fais autant pour installer mon matériel avant l'arrivée des artistes. Une fois en salle, de nombreux retraités sont déjà assis. Les premier et deuxième rangs sont déjà complets. Le personnel soignant aide certains résidents à se mouvoir et à prendre place. En quelques minutes, le décor n'est plus que têtes blanches, cannes et déambulateurs. Léon, l'imposteur auditif, fait à son tour son apparition. Il balaye la salle d'un regard blasé et lève les yeux au ciel. Une employée vient à sa rencontre et se met à lui parler très fort.

— Monsieur Cordiot, voulez-vous que je vous installe une chaise à côté de la scène ?

— Pour quoi faire ? Mieux entendre ? C'est un spectacle de mime, je ne risque pas de rater les dialogues !

Sans doute habituée à son ton ronchon, l'aide-soignante ne s'offusque pas et s'en retourne plus loin.

Sans que je m'y attende, il se tourne vers moi.

— Regardez-moi ces cons ! Ils se sont tous agglutinés devant. Mais c'est un spectacle muet, ils espèrent quoi ? Lire sur les lèvres des comédiens ?!

J'éclate de rire. Léon n'est pas très loquace mais il en sort de belles.

Une fois toute l'assemblée assise, les employés baissent les stores électriques afin d'offrir une ambiance tamisée. Une petite régie a été installée et le technicien allume un spot en direction de la scène. La musique des *Temps modernes* de Charlie Chaplin commence et je redoute le pire. On m'avait parlé d'un spectacle de mime extraordinaire et il débute de la même manière que ma chorégraphie de fin d'année de CM2. Pas très novateur tout ça. Pas plus que la tenue des artistes. Habillés d'une marinière et d'une salopette noire à bretelles, ils n'ont pas oublié le béret et le foulard rouge. Rien ne manque. Je comprends qu'on puisse aimer le mime Marceau mais faut-il chercher à faire un copié-collé ? Je fais fi de mes considérations critico-artistiques et m'emploie à filmer. Mais mes aïeux que c'est mauvais ! Une fenêtre qui s'ouvre par ci, une fleur qui apparaît par là... Même le passage du miroir est raté. Un des comédiens est à la traîne et rate les effets de symétrie. Un résident ne manque pas de le remarquer.

— Bah dis donc... ! Même avec ma hanche en plastique je suis plus rapide...

L'assemblée rit et je surprends le directeur de l'établissement qui se tortille, mal à l'aise. De toute évidence, il fait le même constat. Il y a peut-être eu méprise quant au choix de la troupe. Je ferais bien un plan du public, mais nombreux déjà sont ceux qui piquent un somme sur leur chaise. Mes paupières ne sont pas loin de fermer boutique elles aussi, quand un grand crac nous réveille tous de notre torpeur.

— Ahhhh !

Les yeux rivés sur la scène, il me faut quelques instants pour comprendre. L'un des mimes est au sol et peine à se relever. Durant quelques secondes, je pense qu'il s'agit d'un parti pris artistique. Après nous avoir offert une mise en scène désuète, un vent de modernité se met à souffler. En réalité, le comédien s'est enfoncé le pied dans la scène en bois de cagette qui a cédé sous son poids. Face aux cris de douleur, son acolyte tente de le dégager.

— Aïe ! Arrête ! Merde ! J'ai mal !

Finalement, les mimes ont fait mentir Léon, il y avait bien du texte.

— Est-ce que quelqu'un peut venir nous aider ?

Des membres du personnel montent sur la scène pour soulever l'individu, mais la manœuvre ne semble pas évidente.

— Bordel, je souffre ! Je crois que je me suis pété le pied.

Bon sang ! Le spectacle vient de prendre une tout autre dimension. Si je ne faisais pas preuve d'autant d'empathie, je dirais qu'il est beaucoup plus drôle maintenant. Le kinésithérapeute de l'établissement arrive à la rescousse sous les yeux ébahis des résidents (pour ceux qui les avaient gardés encore ouverts bien sûr).

— Alors, on va y aller délicatement. Est-ce que vous arrivez à tourner un peu le pied sur le côté ?

Le mime s'exécute et sa réponse ne se fait pas attendre.

— Noooon, j'ai maaaal !

Le professionnel de santé jette un regard entendu au directeur, qui devient blême. Les stores sont remontés et Michel Blois improvise une annonce.

— Mes chers amis, comme vous le constatez, il y a eu un petit accident…

Au râle qu'émet le mime, on comprend que la victime n'est pas du tout d'accord sur l'intitulé « petit accident ».

— Je vais donc vous demander de quitter la salle afin que nous puissions intervenir.

Les retraités se lèvent et, selon le degré de compassion des uns et des autres, on peut entendre des « Le pauvre, j'espère que ce n'est pas trop grave » et des « J'ai raté mon feuilleton pour ça… » En se dirigeant vers la sortie, de son ton flegmatique, Léon m'interpelle :

— En fin de compte, j'avais raison. J'avais bien dit que c'était des clowns…

Je me mords les lèvres pour ne pas rire, mais je dois bien admettre qu'il n'a pas tout à fait tort.

Tandis que ma caméra tourne toujours, le directeur me fonce dessus.

— Bon, bon, bon… Tout ceci est bien fâcheux… Évidemment, inutile de poursuivre l'enregistrement. Je vous réglerai la facture comme il se doit… Mais là c'est une catastrophe…

Il n'a pas fini de s'épancher que le kinésithérapeute énonce son diagnostic à haute voix.

— Bon bah, pas le choix, il nous faut une scie !

Le directeur se retourne, à deux doigts de l'évanouissement.

— Vous voulez l'amputer ?!

— Non ! Pour couper le bois autour et dégager la jambe. Là, si on force davantage, on risque d'endommager la cheville.

Michel Blois me récupère du regard, la mine plus abattue qu'une escalope.

— Oh ! mon Dieu. Une catastrophe… C'est une catastrophe ! Bon… Passez le bonjour à Yvon. J'y retourne…

Décidément je m'attendais à tout sauf à cette issue.

Ma sacoche posée au sol, je range mon équipement quand j'entraperçois de petits pieds qui s'arrêtent à mon niveau.

— Alors, on va se les manger ces petits gâteaux ?

Je lève la tête. Simone se tient devant moi, joviale. J'ai bien envie de profiter de cette malencontreuse interruption des programmes pour anticiper mon départ, mais cette mamie est si sympathique ! Finalement je suis peut-être moins effrayée par les « vieux » que ce que je pensais. N'ai-je pas une petite heure à lui accorder ? C'est une bonne action que d'offrir un peu de son temps aux personnes âgées. Elles ne sont pas toutes comme Gerbille et compagnie. Je suis persuadée que ce sera très enrichissant et un bon moyen de gagner des points de karma. Je ne peux en retirer que du positif.

14

— Eh non ! je n'ai pas de roue de secours, sans quoi je ne vous appellerais pas... Comment ça, vous ne pouvez pas passer avant demain ? Mais je dois rentrer chez moi aujourd'hui ! Mais... Mais... Bon, bah... S'il n'y a pas d'autres possibilités... Oui. Bah oui... OK, au revoir.

Je raccroche avec le garagiste et me tourne vers Michel Blois qui m'observe de ses yeux aussi ronds que vides.

— Décidément, c'est une bien mauvaise journée, ajoute le directeur. L'accident du mime, maintenant votre pneu de voiture... Quand ça ne veut pas, ça ne veut pas, comme on dit...

Je n'ajoute rien. Si j'ouvrais la bouche, je pourrais croquer un mollet par inadvertance.

Je suis dépitée. Le temps d'une madeleine et d'un peu de bavardage censé me faire gagner des points de karma, me voilà finalement avec un pneu crevé et un garage incapable de me sortir de cet enfer avant demain matin.

Ma petite mamie se tient à mes côtés, confuse :

— Oh ! comme je suis désolée pour vous…

— C'est gentil, Simone, mais ne vous en faites pas, ce n'est pas grave…

Je la rassure mais le cœur n'y est pas. Quel est le message que m'envoie la vie ? « Prépare-toi, Camille, tu vas vieillir prématurément, ceci est bientôt ta nouvelle demeure, prends donc tes marques… » ? Sans plus d'égard, Michel Blois me fait une proposition :

— Je peux vous offrir une chambre ici.

Ah ! d'accord. Donc, en plus d'être immobilisée de force, d'avoir des frais, je n'ai même pas le droit de me réfugier dans un petit hôtel pour faire une crise de larmes en paix. Je suis révoltée. Il semble évident que ce serait la moindre des choses de proposer une nuit d'hôtel. J'ai fait plus de deux heures de route pour me retrouver dans cette situation. Nom d'une jambe en bois pourri, je ne suis pas un pigeon pour me contenter de miettes !

— D'accord…

Eh bien si. Je suis un pigeon. Face aux quelques résidents qui m'entouraient, je n'ai pas osé montrer que je voulais fuir de toutes mes forces cet endroit qui est leur quotidien. En fait, je suis un pigeon doublé d'un saint-bernard… Je suis un pigeonnard.

— Je sais que ça ne remplacera pas votre pneu, mais j'ai de très bonnes pâtes de fruits cachées dans ma commode, me dit Simone en me talonnant.

— Vous en avez beaucoup ? Mon objectif étant d'en faire une overdose…

La lueur de malice se rallume dans les yeux de mon octogénaire :

— Vous aimez la liqueur ?

— Donnez-m'en et vite !

* * *

Journal de bord de Camille.

Minute 1 : Je viens de découvrir ma chambre. Elle est au fond d'un couloir. La tapisserie jaune urine foncée est arrachée par endroits. Des spatules et du matériel de peinture sont posés dans un coin. Elle est sombre et sent le renfermé.

Minute 2 : Michel m'informe qu'elle sera rafraîchie bientôt. Génial. Je suis ravie de l'apprendre.

Minute 3 presque 4 : Après avoir jeté un œil à la salle de bains, il m'annonce que la douche est en travaux mais que le robinet du lavabo fonctionne un peu.

Minute 6 : Je suis conviée au dîner dès 18 heures. Et au loto bingo de 20 heures. Je suis Joie.

Minute 8 : Je suis seule. Je tombe sur le lit, tête la première, en position suppositoire, en espérant que le matelas m'avale.

Minute non identifiée qui semble une éternité dans les entrailles du néant : Simone passe une petite tête dans l'encadrement de la porte et me sort de ma torpeur avec une phrase divine.

— Camille, voulez-vous un peu de schnaps à la pêche ?

— Je vous en supplie !

Elle me rejoint sur le lit et me verse, dans un petit verre, un fond de liqueur que j'avale d'un trait.

— Pour prendre votre douche, venez dans ma chambre. J'ai tout ce qu'il faut. Et ne vous en faites pas trop… Vous verrez, ça va vite passer…

— C'est vrai ? lui dis-je comme suspendue à un maigre fil d'espoir.

— Non. Sauf si vous prenez un somnifère dès dix-neuf heures…

J'apprécie sa franchise, mais je vais reprendre un peu de son schnaps pour faire passer l'info.

— Alors comme ça, vous allez en Angleterre ? me demande-t-elle sans transition.

— Oui, je dois interviewer une actrice, mais ça ne m'enchante pas. Il paraît que c'est une diva capricieuse.

— Oh vous savez, les gens il faut savoir les prendre et trouver comment atteindre leur meilleur côté.

Aussitôt je repense à mon gang de vieilles chouettes :

— Allez dire ça à mes voisines… Elles sont toutes à la retraite et leur activité favorite est de chercher des noises aux habitants. Elles sont horribles ! Elles ont même prévu de faire expulser une étudiante… Je me demande si elles ont un bon côté…

— Vous avez des rats dans le poulailler.

— Comment ça ?

— C'est une expression qu'utilisait ma mère pour parler de ces personnes qui apprécient d'ennuyer le monde.

— Ah… Elles sont nombreuses alors…

— Pas tant que ça… Beaucoup sont surtout perdues et ne s'en rendent pas compte…

— Croyez-moi, celles-là ont parfaitement conscience de ce qu'elles font… Bref, si ça vous va, je vais appeler mon petit ami pour le prévenir et je passerai plus tard emprunter votre salle de bains…

— Avec plaisir… Je vais moi aussi en profiter pour retrouver mon amoureux.

— Oh, vous êtes en couple ici ?

— Non, on se parle par Skype…

Je bugge. Ai-je bien entendu ?

— Par Skype ?

— Oui, avec mon compagnon nous nous sommes retrouvés il y a quelques mois sur Facebook… Nous nous connaissons depuis… oh, depuis toujours je dirais. C'était mon premier amour. Alors on se fait des visios…

Des « visios », carrément. Quatre-vingts ans et elle utilise même le vocabulaire adéquat. Quand je pense qu'il y a encore quelques mois, moi, la trentenaire, je me serais grignoté les doigts jusqu'aux phalanges en découvrant avec effroi que mon ex avait accès aux profils des gens qui regardent (espionnent) ses *stories* sur les réseaux…

— J'ai insisté pour qu'on ait accès à des ateliers informatiques et j'ai demandé qu'on me montre comment communiquer sur Internet. On peut être proche de la date de péremption et vouloir rester moderne.

Elle me sourit et l'expression de son visage est plus proche de celle d'une enfant qui s'apprête à faire un tour de manège que celui d'une grabataire. Avec son ton pincé, Françoise Bergeoise me revient en tête. Comment deux mamies peuvent-elles être aussi diamétralement opposées ?

— Vous êtes fascinante…

— Garder en soi l'énergie de vie, mon petit… Garder en soi l'énergie de vie le plus possible. C'est la clé. Soyez curieuse, riez, dansez, mangez, aimez…

— Est-ce que, si j'applique vos conseils, j'aurai la même peau que vous à votre âge ?

Simone est vive. Elle saisit aussitôt le trait d'humour.

— Pour ça, j'ai un autre remède, mais je ne vais tout de même pas vous révéler mes secrets si vite, répond-elle en ponctuant d'un clin d'œil. Bon… je ne vais pas vous faire l'affront de vous souhaiter un bon repos, cette chambre me déprime autant que vous. Mais je vous laisse la bouteille…

D'un bond, Simone est déjà sur le départ. Je la regarde disparaître.

Je me ressers un peu d'alcool puis saisis mon téléphone.

— Camille, mon ange, tu es sur le retour ?

— Ooooohhh bébéééééé… !

— OK. OK… Il s'est encore passé quelque chose ?

— Ouiiiiii !

J'entends dans l'expiration d'Ewen l'inflexion de l'amusement :

— C'est parti. Je t'écoute…

* * *

Pour rattraper l'échec de la représentation de l'après-midi, ce soir nous avons eu droit à un loto bingo orchestré par un personnel accoutré de boas en plumes et de perruques bariolées. Sans oublier une double ration de flan et un bal improvisé. Si l'enfer existe, pour sûr, il prévoit ce type d'activités. C'est la troisième fois que Frédéric François « aime à l'italienne » et j'envisage de boycotter les *antipasti* et toutes autres spécialités en provenance de la Botte. Heureusement, Simone contribue à rendre le moment plus digeste en me dressant un portrait croustillant des résidents.

— La petite dame là-bas, toute frêle, c'est Irène. Elle est adorable, mais il faut se méfier. Elle a tendance à chiper. La dernière fois, Bernard, qui est aussi sourd qu'une enclume, a retrouvé son appareil auditif après trois jours. Eh bien, il était dans la salle de bains d'Irène… ! Les deux chauves, c'est Michel et André. Ils sont frères et continuent de se chamailler à longueur de journée, comme des enfants. Mais ne vous risquez pas à critiquer l'un ou l'autre devant eux, vous vous prendriez un coup de canne. Ils sont soudés comme les doigts de la main.

J'observe la salle et repère un monsieur qui invite les dames à danser.

— Et lui, c'est qui ?

— Oh, vous parlez de Dom Juan…

J'adresse à Simone un regard interrogatif.

— C'est Gilbert, mais tout le monde l'appelle par son surnom. C'est un chaud lapin, me dit-elle, avec un clin d'œil entendu.

Je n'imagine pas comment ce papy peut jouer les tombeurs, mais je n'en demande pas plus. L'heure du repli a sonné et il est temps de regagner nos chambres. Simone m'invite à la suivre afin que je puisse bénéficier d'une douche chaude. J'ai attendu qu'elle fasse sa toilette avant de prendre la relève. Son dentier posé sur le rebord du lavabo m'hypnotise. C'est donc cela qui m'attend ?

Derrière la porte, Simone se fait entendre :

— Voulez-vous que je vous prête un slip ? Il monte au-dessus du nombril mais, voyons le bon côté des choses, cela donne un effet ventre plat.

Mince. Je n'avais pas pensé à la question des sous-vêtements propres.

— À moins que vous ne préfériez opter pour la technique de la culotte retournée… ?

Je tique à l'idée de cette possibilité mais encore plus à la présence de Simone. Pour m'interroger, Mémé Sans-Gêne a décidé d'entrer dans la salle de bains alors que je suis encore nue sous la douche. À l'évidence, la pudeur est pour elle une notion toute relative.

— Regardez, j'ai celle-ci qui pourrait vous aller…

Je passe ma tête en dehors du rideau. Ma mamie me tend son linge avec la même innocence qu'une part de cake un dimanche midi.

— Oui, ce sera très bien…

Ma douche terminée, Simone m'invite à m'asseoir et me propose une tisane. Il est plus de 23 heures et je tombe de fatigue. Moi qui croyais que les vieux se couchaient aux aurores…

— Voulez-vous un petit peu de sucre ?

— Non, je vous remercie.

Je regarde plus attentivement la chambre de Simone. C'est en réalité un petit studio équipé.

— C'est plutôt confortable ici…

— Plutôt, oui. Mais j'ai choisi mon endroit… C'est une résidence pour seniors, pas un EHPAD… Nous sommes autonomes mais pas seuls. En cas de besoin, il y a quelqu'un pour nous aider. J'ai décidé d'y entrer le jour où j'ai fait une mauvaise chute… Je suis restée presque une heure les quatre fers en l'air. J'avais tout d'une tortue en mauvaise posture. Heureusement, ma fille est arrivée…

— Elle vient souvent vous rendre visite ?

— Non, elle vit en Espagne. C'est en partie pour elle que je suis ici. Je suis veuve depuis plus de dix ans. Elle s'inquiétait beaucoup à l'idée de s'éloigner et de me laisser seule. Elle refusait les opportunités de travail à l'étranger… Alors après cette chute, je me suis dit qu'il était temps qu'elle vive sa vie sans se préoccuper de moi. J'ai vendu ma maison, je lui ai donné de quoi acheter la sienne et me voilà ici.

Aussitôt je pense à ma mère d'ici une vingtaine d'années. La savoir aux côtés de Hubert me réchauffe le cœur. Je n'avais pas encore envisagé le sentiment d'abandon et de solitude que doivent ressentir les vieilles personnes qui se voient contraintes de quitter leur foyer.

— Et vous, jeune fille ? reprend-elle. Avez-vous prévu d'avoir des enfants ?

La question me perturbe bien plus que je ne l'aurais imaginé.

— Je… Oui… Enfin… Avant, je vais commencer par me marier… Mon petit ami m'a fait sa demande… Et je suis fraîchement marraine d'une petite Léa… Ce qui fait déjà beaucoup de changements dans ma vie.

Simone semble sonder mon âme et comprendre mon malaise. Elle n'insiste pas.

— L'important, c'est de savoir s'écouter. Voulez-vous une couverture en plus pour cette nuit ?

— Ce que j'ai fera l'affaire. Merci pour la douche et la tisane.

— De rien. C'est un plaisir. On se verra demain matin avant votre départ alors.

Je quitte sa chambre et m'apprête à regagner la mienne quand je pressens que le liquide bu va m'empêcher de fermer l'œil. Je décide de faire un détour pour utiliser les toilettes communes et ainsi éviter à toute la résidence un réveil en trombe au vu du bruit de la chasse d'eau de ma chambre. Au moment où la lumière automatique des w.-c. s'allume, je pousse un cri. Je peine à réaliser ce que je vois ! Debout, en pyjama rayé, Dom Juan est littéralement en train de peloter une mamie. Je me détourne, honteuse et passablement ébranlée.

— Ne le dites pas au personnel surtout… m'intime Gilbert. On n'a pas le droit de faire ces choses-là ici, conclut-il taquin.

J'ai bien envie de lui répondre qu'ici ou ailleurs, il est en effet préférable d'éviter de se bécoter dans les lieux publics. Pour autant, la plus gênée de nous trois, c'est moi.

— Viens Mireille, on va dans ma chambre…

Le couple quitte les lieux comme deux adolescents pris en flagrant délit par un adulte : tête basse mais amusés. Je suis estomaquée. Je détourne les yeux et entends des chaussons cirer le sol. C'est Simone qui débarque avec un naturel déconcertant.

— Vous… vous êtes tombée sur Dom Juan, c'est ça ?

— Mais oui… Il était là… et… enfin, heu… Tous les deux, ils faisaient des… trucs…

— Ah ça ! Dès qu'il y a une soirée à la résidence, ça lui redonne du tonus à ce bon vieux Gilbert. Mieux vaut éviter de quitter sa chambre si on souhaite passer une nuit au calme, me dit-elle, amusée.

Face à mon expression de bœuf qui regarde passer les trains, Simone m'interroge.

— Quoi ? Vous pensiez qu'à notre âge nous n'avions plus de vie sexuelle ?

Je la regarde l'air bête.

— Je... ne sais pas.

Ma vraie réponse étant : « Bien sûr que non. J'ai déjà du mal à envisager que ma mère puisse encore pratiquer la chose, alors des grands-parents : jamais ! »

— Il fait du gringue à Suzanne depuis des semaines, il fallait bien que ça arrive.

— Suzanne ? Je crois plutôt qu'il a dit Mireille...

— Non ? Oh le cochon ! Quel saligaud celui-ci... Il y a encore une semaine, il faisait livrer un bouquet de fleurs à Suzanne pour la séduire... Vous voyez mon petit, même à nos âges, on en vit encore des histoires...

— Je vois ça...

Je ne vois que trop. L'image est même gravée dans ma mémoire.

— Dites, Simone, vous n'auriez pas un petit truc pour dormir ? Je crois que je vais avoir besoin d'un coup de main là !

15

Depuis que j'ai décampé de la maison de retraite, je ne pense qu'à la douche que je vais prendre pour faire partir cette odeur de bouillon de poule qui me poursuit depuis hier. Quitter les lieux… j'ai bien cru que cela n'arriverait pas. D'abord, le garagiste est arrivé avec une nonchalance qui m'a fait comprendre que j'avais le potentiel d'une vraie criminelle par strangulation. Ensuite, ne retrouvant plus ses pilules pour le cœur, Simone s'est affolée. Inutile de préciser qu'une cardiaque qui panique me fait paniquer. J'ai fini par les lui retrouver dans une de ses boîtes à gâteaux. J'ai également dû réunir toute ma force mentale pour ne pas me rouler dans les petits cailloux du jardin quand j'ai compris que je ne remettais plus la main sur mes clés de voiture. Aussitôt mes soupçons se sont portés sur Irène, la grand-mère kleptomane qui avait assisté à la réparation du garagiste aussi assidûment qu'à la projection d'un film. C'est finalement Dom Juan qui me les a remises. Elles étaient tombées derrière un fauteuil de la salle de repos. Je m'apprêtais à regagner mon véhicule quand ce dernier a insisté pour que j'accepte son présent. Un cadeau de remerciement pour ma discrétion suite à l'évènement de la veille. Je m'attendais à une boîte de pralines. J'ai découvert une couette en plumes d'oie sur ma banquette arrière. « Une couette comme on n'en fait plus de nos jours », m'a-t-il dit. Et je comprends pourquoi… C'est le genre à vous étouffer en pleine nuit, pour peu que les plumes s'agglomèrent au niveau de votre gorge. Je n'ai pas bataillé. J'ai accepté, allumé le contact et fui.

Je ne suis plus qu'à quelques rues de chez moi quand Ewen me téléphone.

— Tu es bientôt là ?

— Oui mon cœur, j'arrive d'ici quelques minutes. Tu me ferais couler un bain ? Un bain moussant avec plein de gel douche qui sent la fraise, l'orange et le citron de synthèse… J'empeste la vieille dinde empaillée.

— À ce point ?

— Oh oui… Et puis je pense aussi qu'il est grand temps de commencer des cures de vitamines et de compléments alimentaires. Il faut repousser le processus de vieillissement au plus tôt, fais-je sur le ton de la blague.

Je raccroche et entre dans le parking de l'immeuble. La radio éteinte et le moteur coupé, il n'y a plus un bruit. Pourtant, quelque chose ne tourne pas rond. L'impression d'une présence. Je surprends mon cœur qui s'affole. Un frisson me parcourt le corps et je constate que les poils de mes avant-bras sont tout hirsutes. J'essaye de chasser de mon esprit les images de film d'horreur qui m'assaillent. Ceux où la jeune femme – une figurante qui n'a pour répliques que trois cris et un râle de fin – se fait sauvagement agresser par un psychopathe en costume de clown.

Je n'ai pourtant rien à redouter. Dans le parking de cet immeuble, la personne la plus effrayante que je puisse croiser, c'est Bergeoise. Et même si elle m'angoisse autant qu'un écrasé de pommes de terre sans beurre, je pense pouvoir la maîtriser en cas de bagarre. Je me raisonne et récupère mon sac à main posé côté passager. Pourtant mon œil capte un mouvement dans le rétroviseur. Je cligne des yeux mais j'en suis de plus en plus certaine. La lourde couette étendue sur la banquette arrière s'agite. Pourquoi mon corps préfère-t-il rester figé plutôt que de déguerpir ? Je ne suis plus très loin de l'arrêt cardiaque et pour cause : une masse informe commence à se dresser derrière moi. Malgré la tétanie, je réussis à pousser un hurlement.

— Nous sommes arrivées ?

Les cheveux ébouriffés et les yeux encore mi-clos, la tête de Simone apparaît au détour d'un coin du duvet.

— Mais ? Mais ?! Maiiiis ?! Qu'est-ce que vous faites là ?!

— Une sieste, de toute évidence…

— J'ai failli mourir de peur !

— Oh, je suis confuse. Ce n'était pas mon intention…

— Attendez, là, Simone ! Vous êtes restée là-dessous durant plus de deux heures ?!

— Vous êtes mieux placée que moi pour savoir le temps qu'a duré le trajet…

— Mais vous êtes inconsciente, vous auriez pu vous étouffer !

— Oh ! j'ai connu la guerre et j'ai survécu…

— Heu… Vous n'avez pas encore quatre-vingts ans… En 1945, vous aviez trois ans…

— C'est un détail…

— Bon, quoi qu'il en soit, ça ne m'amuse pas du tout là ! Au-delà de ma frayeur, vous réalisez les risques que vous venez de prendre ? Vous êtes cardiaque en plus !

— Pas du tout !

— Oh, s'il vous plaît… J'ai passé une demi-heure à chercher vos pilules…

— Des Tic Tac !

— Quoi ?!

— C'était des Tic Tac… à la menthe pour être plus précise… Vous l'auriez remarqué si vous aviez ouvert le pilulier. Je préfère vous le dire : si un jour vous caressez l'idée de devenir enquêtrice, passez votre chemin…

— Vous m'avez roulée dans la farine ?!

— Oh, je vois que nous commençons à utiliser les mêmes expressions… On va pouvoir s'entendre…

Je m'arrête un instant parce que mon cerveau chauffe plus que de raison et que je ne sais pas éteindre un incendie cérébral. J'ai l'impression d'être la victime d'une caméra cachée. Je prends une grande inspiration pour me calmer.

— Simone… Expliquez-moi. Pourquoi. Vous vous êtes. Cachée. Dans ma. VOITURE ?!

— Je veux que vous m'emmeniez en Angleterre avec vous.

— Hein ?! Mais… De ? OK. Pause !

C'en est trop ! Je sors de l'habitacle et commence à tourner sur moi-même, en délirant : « Qu'est-ce que c'est encore que cette histoire ?! Mais ça n'arrive qu'à moi ! C'est de la folie… J'avais pourtant dit que j'aspirais à une vie calme et sereine… Mais non, le destin à d'autres projets pour Camille ! Va-t-il lui offrir une carrière de chanteuse internationale ? Non ! De cinéaste oscarisée ? Pas le moins du monde. La faire gagner à la loterie ? Toujours pas… Non, à la place, il préfère lui offrir la livraison d'une vieille dame planquée sous un édredon ! »

J'arrête ma diatribe en voyant Simone, debout, prostrée devant la voiture. Ses petits yeux bleu passé m'attendrissent aussi rapidement qu'ils calment ma fureur. Quel est le pouvoir magique de cette grand-mère ?!

— Bon. Je me détends mais reprenons. Pourquoi vouloir m'accompagner à Londres ?

— Pour voir John, bien sûr…

— Qui est John ?

— Mon cher et tendre…

— Votre compagnon habite en Angleterre ?

— Oui. Je ne vous l'ai pas dit ?

— Non. Et je commence à comprendre pourquoi...

— Il possède une très jolie maison, il me l'a déjà montrée en photo et en vidéo...

— Oui bon, on reviendra sur les sujets déco et architecture plus tard... Simone, je vous apprécie beaucoup, mais quelle idée de faire toute cette mise en scène ! Vous cacher de cette manière... Vous n'auriez pas pu me demander ?

— Vous auriez accepté ?

— Bah... Heu... Peut-être...

Non. Évidemment. Et Simone le sait parfaitement.

— Vous savez que, de nos jours, on peut se rendre en Angleterre facilement et surtout dans d'autres conditions que celles d'une migrante qui cherche asile... ?

— Mon enfant, si j'ai encore le souffle et la fantaisie de faire une sieste sur la banquette arrière d'une voiture, organiser seule un voyage qui comprend plusieurs déplacements commence à devenir compliqué... Qui m'emmènerait ? Et hors de question que je demande à ma fille de m'aider à rendre visite à mon amant...

— Mais... malgré tout... on ne fait pas les choses de cette façon, allons. Et à la maison de retraite, vous les avez prévenus ?

— Je ne suis pas en prison tout de même... Ne vous en faites pas pour ça.

— Vous savez que je vais en Angleterre pour travailler moi ? Je n'ai pas l'intention de faire ma touriste…

Simone marque un temps. Ses yeux s'embrument et commencent à larmoyer.

— C'est ma seule chance de revoir John… Vous réalisez ? Quelle était la probabilité que je vive encore, qu'il vive encore… Que nous nous soyons retrouvés après toutes ces années… Que je tombe sur vous qui vous rendez en Angleterre… Je ne sais pas combien de temps il me reste sur cette terre, alors c'est vrai, je saute sur la moindre occasion qui me fait me sentir en vie…

Mon cœur commence à s'émouvoir quand mon cerveau m'envoie un petit stop.

— Dites voir… le pneu de la voiture, c'était vous ?

— Oh non, je ne suis pas une vandale…

— Mais vous y êtes pour quelque chose ?

Simone déglutit et je comprends que oui.

— Je vous rembourserai les frais, j'en fais la promesse.

— Vous aviez tout prévu ? Mais vous êtes machiavélique…

— Comme vous y allez… Je suis peut-être un peu filoute…

— Et votre collègue là, Dom Juan… Mes clés qui disparaissent, la couette placée dans ma voiture le temps que je cherche vos prétendues pilules pour le cœur… Tout ça, c'était bien un coup monté ?!

— Disons qu'il a été contraint… Je le fais chanter.

— Je vous demande pardon ?

— Je l'ai menacé de répandre la rumeur qu'il est atteint de syphilis s'il refusait de m'aider... Sa libido ne s'en remettrait pas...

— Et après ça, vous prétendez encore ne pas être machiavélique ?!

16

— Tu vas l'embarquer avec toi ?

— Je crois surtout que c'est elle qui embarque avec moi…

Ewen, comme à son habitude, avait exprimé un regard à la fois ébahi et amusé. La patience et la tolérance de cet homme mériteraient qu'on lui décerne un prix. Pendant que Simone barbotait dans le bain qui m'était initialement prévu, je me demandais dans quel ordre il fallait comprendre les choses. Est-ce parce que j'ai l'imagination débordante qu'il m'arrive toujours des péripéties, ou les péripéties me tombent-elles dessus pour alimenter mon imaginaire ? Maintenant que je me trouve devant l'hôtel particulier de l'actrice, à donner mes consignes à mamie-pot-de-colle, je suis toujours en train de me poser la question.

En regardant autour de moi, je prends conscience de l'endroit où nous nous trouvons. À elle seule, la rue de cette banlieue chic de Londres est un décor de film.

On sent que les bonnes manières sont d'usage. Mieux vaut se tenir à carreaux.

— Nous sommes bien d'accord, vous m'accompagnez mais vous restez discrète. Pas un mot. Rien. Il s'agit d'une star et, apparemment, elle est peu commode... Alors je réalise l'interview, on termine gentiment, vous voyez John dans l'après-midi et on reprend l'Eurostar. On est d'accord ?

— Parfaitement.

— Bien.

Je sonne et me présente à l'interphone vidéo. Après quelques instants de vérification, les grilles s'ouvrent sur un parc dont la longue allée arborée nous invite à rejoindre la demeure. En marchant, je me rends compte du binôme que je forme avec Simone. Il est improbable. Moi, mon jean, mes baskets et ma caméra sur l'épaule, marchant d'un pas décidé. Elle, vêtue d'une jupe mi-mollets bleus à petites fleurs et d'un chandail en laine beige, qui trottine à mes côtés, sourire aux lèvres. Je l'observe du coin de l'œil. Elle semble émerveillée par la moindre feuille dans les arbres, curieuse de chaque changement de décor. Ce mélange d'expression enfantine mêlée au poids des années passées a quelque chose de désarmant.

Une fois dans le hall d'entrée, un assistant nous accueille et m'informe que Delhya Magilton sera bientôt disposée à me recevoir. Je propose (ordonne) à Simone de m'attendre sagement, ici, sur cette très confortable méridienne. Elle acquiesce et j'ai déjà hâte d'en finir.

L'assistant me fait entrer dans un salon extrêmement lumineux. Il rayonne grâce aux immenses baies vitrées qui donnent sur le parc mais aussi en raison d'un choix de mobilier doré de style rococo excessif. Le tout scintille si fort que je plisse les yeux et regrette que le port des lunettes de soleil en intérieur ne soit acceptable que pour les vedettes. Cet aménagement ne correspond pas à la personnalité de l'actrice, ni à son jeune âge. Mais après tout, je ne suis pas experte en matière de goût de stars anglophones de vingt-trois ans.

Au bout d'une dizaine de minutes, la comédienne fait enfin son apparition. En patientant dans cet environnement, je m'attendais presque à voir apparaître une Madame de Pompadour *new look*. À la place, je découvre la version féminine d'un Kurt Cobain en fin de soirée. Jean noir troué, longue chemise bordeaux à carreaux, bonnet *full size* et lunette noire à larges montures blanches. Le style détonne avec les fauteuils Louis XV. Malgré l'opacité de ses lunettes, je jurerais qu'elle me toise. Elle finit par se lancer :

— *Is it filmed* ?

Elle est sérieusement en train de me demander si l'interview est filmée ? J'ai bien envie de lui répondre que la caméra posée à quelques mètres d'elle est un bon indice, mais mon anglais – et ma témérité – ne sont pas suffisamment au point…

— *Yes, absolutely…*

— *In French, please* !

— OK… Enfin, je veux dire, d'accord…

Eh ! Oh ! Elle va se détendre, l'impératrice de la marmelade ! Inutile d'être aussi autoritaire.

— *So*… Je *prefer* répond' en françay, même si je être *actress* anglais.

— Pas de problème.

On fera bien comme tu voudras, Miss Cheveux Gras… Mais sache que ton accent est épouvantable.

— Exciuse ma tête. J'ai une gouele de boa…

Je marque un temps nécessaire à la traduction en bon français, puis j'esquisse un sourire.

— Oh, vous parlez de la gueule de bois…

— *Hangover, right* ?

— Oui c'est ça…

— *Cool. I like this word.* Gu-eule de bois… *So*. On commencer si tiou veux…

— Allons-y…

Delhya s'installe et je démarre l'interview.

— Bien. Vous êtes une jeune actrice qui a déjà un palmarès très impressionnant. Vous avez tourné dans de nombreux films anglais et, ces deux dernières années, on vous a même vue dans des *blockbusters* américains. Aujourd'hui, c'est au tour du cinéma français d'avoir la chance de vous recevoir. Quelle a été votre motivation pour accepter un film d'une production franco-anglaise ?

— Hmmm…

J'ai beau ne voir que la moitié basse de son visage, je pressens que j'ai peut-être un peu chargé la mule en vocabulaire et tournures de phrases. Tout m'indique que l'interview risque de durer longtemps… Très longtemps.

— Peux-tiou *repeat* ?

OK. Misons sur la simplicité.

— Pourquoi avoir choisi ce film ?

— Oh… le rôle de Mary me plu, *because* je trouve elle être sensible et aussi… éffon… téfon… *Oh shit ! How do you say « cheeky » in French* ?

Mais qu'est-ce qu'elle me demande là ? Je ne connais pas le mot et surtout j'entends « Chucky ». Alors je veux bien admettre que les stars internationales ont parfois des idées excentriques, mais de là à trouver un lien entre son personnage d'ouvrière des années 1920 et la poupée possédée, je ne vois pas.

Un coup d'œil sur la page internet de son téléphone clarifie la chose.

— Effrontay ?

— … Effrontée… Ah ! d'accord.

Ouf ! Me voilà soulagée. Mais maintenant le visage de Delhya se superpose à la face rousse et balafrée du pantin au couteau. C'est perturbant.

L'actrice poursuit son discours et même si je salue l'effort de vouloir le faire en français, à vivre, le moment est éprouvant. Et je ne parle pas encore du montage qui m'attend pour rendre l'interview fluide. Je l'écoute de mon oreille la plus attentive quand sa concentration à elle s'égare. Attirée par quelque chose à l'extérieur, Delhya s'arrête en plein milieu d'une phrase.

Décidément, ces stars sont vraiment perchées. Je décide de la relancer. Certes, je peux couper les blancs et les hésitations en post-prod, mais hors de question que je me lance dans un doublage voix off pour conclure à sa place.

— Et donc, vous disiez ?

— *Who is she* ?

Oh non ! Elle commence à parler d'elle à la troisième personne. Bientôt elle va me faire le coup du transfert de personnage…

— *Seriously… Who is she* ?

— Heu, bah, *I don't know*… Enfin si, comme vous l'avez dit, c'est une femme forte qui se bat pour ses droits, à une époque où ce n'était pas évident et…

— *No ! Her !*

Je tourne la tête pour regarder dans la même direction que la comédienne. Sapristi ! Simone est en train de flâner dans le jardin. Truffe au vent, elle semble repérer les prochaines trouvailles à mettre dans son herbier. Je me décompose intérieurement. Dans moins d'une minute, on va nous foutre à la porte. Comment vais-je expliquer ça à Madiran ?

La promenade de Simone aura au moins eu le mérite de faire retirer ses lunettes à Delhya, qui l'observe avec effroi. Je note que pour une fille qui a picolé la veille, elle reste plus fraîche que moi après trois jours de détox au jus vert. L'apanage de l'âge… et du terrain héréditaire. Foutue injustice génétique.

L'actrice finit par se tourner vers moi.

— Qui ce être ?

OK. Inutile de tenter de dire la vérité. La maison de retraite, le coup de la couette… impossible que Delhya me croie. Et si j'accepte de me faire expulser comme une malpropre, je ne prendrai pas le risque de me faire interner.

— Ma grand-mère… Elle est… malade… la tête… Elle perd la tête. Je n'ai trouvé personne pour la garder.

Bien. J'ai donc choisi de mentir en inventant une maladie à une dame de quatre-vingts ans. Si j'ai réussi à obtenir un délai dans cette vie, je viens en revanche de renoncer à mon entrée au paradis. Delhya m'envisage durement puis ses traits s'adoucissent.

— Oh, le pauvrrre. Comment s'appelle ?

— Heu… Simone…

L'actrice se lève et se précipite pour ouvrir la fenêtre.

— Simooone… *Come on*…

De stress, j'arrive à peine à bouger un orteil tandis que Mamie Jardiland, elle, sourit le plus naturellement du monde et fait de grands signes de la main.

— Vous aimez le *tea*, Simone ?

— *Oh yes*, j'adore… et par hasard, *do you have scones* ?

— *Of course* ! *So*, tu venir ici…

* * *

Surréaliste ! Pendant que je ronge mon frein, Mémé Toupet et Starlette Picole sont en pleine dégustation et échange de confidences depuis une demi-heure. Pour abréger le moment, j'ai beau tenter les gros yeux ou les pincettes discrètes sous la table, rien n'y fait. Simone a délibérément choisi de m'ignorer.

— … Et c'est comme ça qu'avec John, on s'est retrouvés sur Facebook après quarante ans sans nouvelles…

— *So cute*… Je rêver histoire comme ça, mais les hommes déjà me faire beaucoup la souffrance…

— L'important, mon petit, c'est de bien choisir son partenaire… Quand vous allez au marché, vous faites attention aux légumes que vous voulez, n'est-ce pas ? S'ils sont trop mûrs ou pas assez, vous ne les prenez pas… Eh bien c'est pareil… Il faut savoir sélectionner son produit. Autant en cuisine qu'en amour…

Delhya approuve le discours de Simone, même si je doute que l'activité « bien choisir ses tomates sur un étal » lui soit une activité connue. Si de l'extérieur on peut croire à un moment convivial, intérieurement je suis en ébullition. À son arrivée dans le salon, je me suis précipitée vers Simone pour lui glisser à l'oreille qu'elle perdait la tête… Étant précisément tout sauf sénile, elle a rapidement saisi et m'a lancé une œillade entendue. Mais cette conversation s'éternise et je redoute sa malice.

— *So* Simone, *at what time* vous voyez John ? demande Delhya.

— Je ne sais pas encore, on lui fait la surprise…

La gorgée de thé passe par le mauvais canal, je manque de m'étouffer.

— Mais non, mamie, tu le vois aujourd'hui. Tu te rappelles ? Il doit te rejoindre devant la gare à 16 heures et ensuite on reprend le train à 20 heures… Comme c'est prévu.

Simone rit chaleureusement et me tapote le genou.

— Qu'est-ce que tu racontes, ma chérie ? John ne vit pas à Londres, il est à au moins deux heures d'ici. C'est moi qui perds la tête et c'est toi qui n'as plus de mémoire…

Je serre les dents et arbore un sourire tout sauf sincère.

— Mamie… Ça ne peut pas être le projet, allons… sans quoi nous aurions loué une voiture…

Quelle petite fouinette ! Ne jamais se fier aux apparences ! Prenez une adorable petite dame et voyez comme elle est capable de la plus grande des roublardises. Mais je ne me ferai pas avoir cette fois-ci. Ce soir nous rentrons à Paris et tant pis si Simone ne revoit pas son amour de jeunesse. Elle a eu sa chance et n'a pas su la saisir. Mère-grand a beau me fixer de ses petits yeux mignons, ça ne changera rien à l'affaire. Notre duel de regards est interrompu par l'intervention de l'actrice.

— J'ai des *cars* moi, je prête…

— Vraiment ?

— Mais non !

De quoi elle se mêle, la punk ? Je ne suis pas chauffeur touristique. Je n'ai aucunement l'intention de sillonner la campagne anglaise !

Face au regard insistant des deux femmes, je me reprends :

— Ce que je veux dire, c'est que c'est très gentil, mais on ne peut pas accepter… J'aurais trop peur qu'il arrive quelque chose à la voiture…

— Oh, *no*, je être très bien assurréy… Vous devez dire *yes*. C'est comme romantique film… *But* Simone, *I want a picture of you two*… Une photo de toi et John, *right* ?

— *Of course*, répond Simone avec un accent râpeux.

— *Fantastic* ! Je dis à Richard de prepar le *car*…

Delhya se lève et appelle son assistant. J'en profite pour interpeller la coupable à voix basse.

— Vous êtes une crapule ! Vous abusez… Vous ne vous êtes pas demandé si j'avais des choses à faire demain ? Je ne suis pas à la retraite moi, madame !

— Demain vous n'avez rien. Vous l'avez dit à votre petit ami ce matin…

— Nom d'une pipe, mais vous avez l'oreille qui traîne partout… Dites-moi la vérité, vous n'avez pas quatre-vingts ans, n'est-ce pas ?! Vous n'êtes ni sourde, ni cardiaque, vous n'avez aucun problème de mémoire et vous êtes aussi souple qu'une gymnaste ! Allez, enlevez donc votre masque, Fantômas !

— *Everything's good*, nous coupe Delhya en revenant vers nous. Et Richard *reserved* une chambre pour vous *tonight*. L'hôtel est *amazing*. C'est mon cadeau des amoureux…

— Vous êtes une petite adorable…

— *My pleasure, Simone. So... Could we finish the interview* ? me lance l'actrice en se tournant vers moi.

— *Yes, let's go*... fais-je sur un ton plus blasé que je ne l'aurais voulu.

— *In French, please* !

— Ah oui, bien sûr. En français... en français...

17

— Mais ne boudez pas votre plaisir…

— Ah mais je ne boude pas mon plaisir. Je boude tout court !

Dans son peignoir et ses chaussons molletonnés, Simone lève les yeux au ciel, avale une gorgée de champagne et s'en retourne, enjouée, vers la salle de bains. Pour ma part, assise dans le meilleur canapé du monde (fait en fibre de nuages, c'est certain), j'affiche pourtant ma mine la plus désabusée. J'ai encore cédé au bon vouloir de quelqu'un. À la différence qu'ici, le plus agaçant, est d'admettre que Simone m'émeut et que j'apprécie sa compagnie… Malgré tout, j'ai conscience qu'elle m'utilise et cela interfère sur mes résolutions de m'affirmer davantage. Pour le moment, je croque dans une pêche provenant de la corbeille de fruits la plus garnie qu'il m'ait été donné de voir. Delhya ne nous a pas menti. L'hôtel est incroyable et la chambre qui nous accueille est presque aussi grande que mon appartement tout entier.

Pendant que Simone se fait un soin du visage, je patiente en attendant l'appel vidéo convenu avec Maddy une heure plus tôt. Après lui avoir brièvement expliqué ma situation par SMS, j'ai senti qu'elle avait besoin de sa dose de potins. Quand je réceptionne la visio, c'est le visage de Nicolas qui apparaît.

— Oh ? Salut Nico...

— Coucou Camille... Maddy arrive, elle finit de coucher Léa... Alors, il fait beau à Londres ? me demande-t-il un brin sarcastique.

— Un temps radieux...

Mon ton ironique suffit à le faire rire.

— On a hâte d'avoir plus de détails sur ton épopée...

— Épopée... C'est le mot, oui...

— Bon et sinon... Il paraît que tu vas bientôt marcher sur les traces de ta mère ?

J'en suis encore à essayer de comprendre à quoi il fait allusion que Maddy surgit précipitamment.

— Nico !

— Quoi ?

— Mais enfin...

Malgré la qualité médiocre de l'image, je devine la déglutition du compagnon de ma meilleure amie et je saisis, par là même, le sous-entendu. À mon tour de me tortiller.

— Va plutôt voir si Léa s'endort gentiment, tu veux bien...

Nico saisit le message et s'exécute aussitôt.

— Oui, je vais plutôt faire ça… Bon, bah, gros bisous Camille…

— Oui, bye…

Maddy prend le relais face à l'ordinateur. Elle me sourit. Mais je la connais trop bien. Son expression de façade veut dire : « Je sais tout, mais je te laisse le soin de m'en parler ou pas. » Résultat, je finis toujours par craquer.

— Vous avez vu Ewen ?

— Oui, on est passés au salon de thé ce midi…

— Et donc, il vous a déjà tout dit ?

— Pas exactement… Disons que ton homme est passé par des chemins tortueux pour nous questionner, savoir ce qu'on pensait du mariage… Nico l'a charrié en lui demandant s'il avait posé le genou à terre, et c'est là qu'Ewen a fait tomber sa carafe d'eau, cassé son verre et qu'il s'est transformé en pivoine… Plus d'indices, ce serait une enseigne qui clignote.

— Oh…

Je suis un monstre ! Mon pauvre amour est dans l'inconfort par ma faute. Mais qu'est-ce qui ne tourne pas rond chez moi ?!

— Et il vous a raconté autre chose… ?

— Que tu avais dit oui…

— C'est vrai, j'ai dit oui…

Maddy et moi nous nous observons. Toutes les deux, nous savons qu'il manque quelque chose… Mais elle recommence sa technique du silence incitatif. Mon amie est assistante de direction, mais je me demande parfois si elle ne me cache pas un cabinet de psy clandestin…

Une petite boule dans la gorge freine l'arrivée des mots. Je reste muette. Puis sans que je comprenne comment, une vague électrique me saisit. Je suis tout à coup un poteau métallique choisi par la foudre. Me voilà surexcitée.

— On n'a pas encore fixé la date ! Mais ça ne saurait tarder… J'attendais qu'on y voie plus clair pour t'en parler… Et puis tu connais ma vie, toujours des imprévus… C'est fou. En tout cas, c'est génial, hein ? Ça va être super, dingue… Tu te rends compte ?! Il y a moins d'un an, je me faisais des nœuds au cerveau à chercher comment me venger de mon ex… On passait notre temps à s'enfiler toutes les boissons possibles pourvu qu'elles soient alcoolisées et, aujourd'hui, regarde-nous… Toi tu prépares des biberons, moi je vais me marier… C'est incroyable !

— Camille, ça va ?

En considérant que c'est l'appauvrissement de ma salive qui vient de stopper mon monologue hystérique, j'en déduis que la réponse est non ! Mais apparemment je ne suis pas totalement dépourvue de liquide. C'est maintenant au tour de mes glandes lacrymales de s'affoler. Peut-on apporter ses petites pilules à la dame ?

— Bon, je vais devoir te laisser. Comme tu le sais, je suis encore tombée dans un traquenard et il faut que je vérifie si la mamie que j'accompagne va bien. Je t'appelle dès que je rentre. Bisous.

— Heu, OK… Bi…

Je ne lui laisse pas le temps de terminer. Je coupe la visio et me surprends à relever la tête en écarquillant les yeux comme si un oignon m'avait dans le viseur. Non, je ne pleurerai pas ! Parce que verser sa larme les jours qui suivent une rupture, c'est compréhensible ! Après s'être cogné le petit orteil dans un coin de meuble, c'est acceptable ! Parce qu'on a foutu de la javel sur son tee-shirt préféré et que la mode du Tie and Dye est de nouveau passée, pourquoi pas… Mais peut-on décemment pleurer quand on a tout pour être heureux ?

Simone sort de la salle de bains aussi vivement qu'un clown en accordéon se dépliant de sa boîte. Elle est habillée et pomponnée. Avec un aplomb aussi large que son sourire, elle m'interroge :

— Et si on allait boire un verre dans un pub ?

Elle n'a pas attendu que je réfléchisse à sa proposition pour embarquer son sac à main et se diriger vers la porte. J'imagine donc que je n'ai pas à réfléchir à ma réponse…

18

Je m'baladais sur l'avenue le cœur ouvert à l'inconnu,
J'avais envie de dire bonjour à n'importe qui…

— Vodka ?

— Bah yes… Une dose de plus ou de moins…

Le serveur ne comprend pas ce que je baragouine mais me verse mon breuvage et attend que je finisse d'un trait mon verre pour me resservir à nouveau, cette fois sans demander.

Quand Simone a proposé d'entrer dans le pub, j'ai eu un mouvement de recul. Quelques secondes m'ont suffi pour découvrir un rade sombre aux effluves de sardine et de toilettes mal débouchées, ainsi que des clients qui n'ont probablement jamais entendu parler de l'existence du gommage au sucre et à la fleur de coton. J'aurais bien fui si ma partenaire n'avait pas déjà largement franchi le seuil de la porte, amenant tous les regards à se braquer sur nous. Pas décontenancée pour autant, Mémé Culot a demandé au barman (en français) si nous pouvions nous installer, ce à quoi le barman a acquiescé (en muet), passant même un coup d'éponge sur notre table.

C'est ainsi que depuis deux heures maintenant, je découvre le pouvoir de la gentille mamie. Il est à peu près équivalent à celui d'un chiot. Tout le monde s'arrête et s'attendrit. Il est encore renforcé si vous sortez ladite mémé de son environnement habituel, que vous la posez dans un décor qui n'est pas le sien et qu'elle garde le sourire. À partir de cet instant, les gens n'ont d'yeux que pour la grand-mère et sont pleins d'attention. L'effet de la rareté sans doute…

De mon côté, j'ai lâché prise. De toute façon – employons les mots justes –, je suis bourrée. Je me trouve dans le pub le plus folklorique jamais vu. Prenez quelques types aux allures de bûcherons avec leurs pintes de bière, ajoutez un karaoké qui jure avec l'ambiance irlandaise, embarquez une mamie qui se sent chez elle partout et acceptez les shoots de vodka offerts par le patron d'origine russe qui appelle Simone *babushka*… Voilà, vous obtiendrez l'atmosphère improbable de ma soirée !

Aux Champs-Élysées, Papam, papam, pam… Aux Champs-Élysées…

Sur la minuscule scène, Simone s'époumone aux côtés d'un grand gaillard qui, malgré un français plus qu'approximatif, tente de l'accompagner dans le chant. Il l'étreint vigoureusement par l'épaule. On dirait la rencontre d'une armoire massive et d'une flûte en cristal. J'ai peur qu'il ne me la casse. La chanson terminée, Simone reçoit de son choriste un bisou sur la joue plein d'emphase et finit par me rejoindre sous les applaudissements des clients.

Je la félicite :

— Eh beh ! Quelle prestation ! Vous êtes une vraie meneuse de revue…

— Ça m'a redonné une patate !

— Parce que vous l'aviez perdue ? fais-je en riant.

— Observez comme c'est fascinant. N'est-ce pas incroyable d'avoir pu trouver ici un titre à chanter en français… ?

— Hmmm… Parmi le catalogue des événements incroyables de ces derniers jours, un Joe Dassin dans un karaoké à Londres ne me paraît pas le plus fou…

— Vous devriez passer au micro vous aussi… J'ai vu qu'ils avaient *Michelle* des Beatles… C'est une si jolie chanson.

— Oh non, je chante mal…

— Quelle importance ?

Sa question est si sincère qu'elle me force à m'interroger.

— Eh bien, disons que je serais… mal à l'aise, j'imagine…

— Je comprends… Le regard des autres compte pour vous, n'est-ce pas ?

Malgré la vodka qui me picote le sang, je décèle un sous-entendu acerbe. J'aimerais répondre par la négative, mais force est de reconnaître que je n'en suis pas détachée.

J'essaye de nuancer.

— Disons surtout que personne n'aime être moqué…

— Mais… si vous aviez la certitude qu'aucun de ces individus ne se moquera de vous, auriez-vous envie de chanter ?

— Oui, je crois…

Sans transition, Simone m'interpelle alors sur un sujet inattendu…

— Vous aimez votre compagnon ?

— Bien sûr…

— Alors, pourquoi ai-je l'impression que sa demande en mariage ne vous emballe pas ?

— Qu'est-ce qui vous fait dire ça ?

— Vous ne l'avez pas annoncé à votre plus chère amie…

— Bon sang ! Vous avez planqué un micro sur moi ou quoi ?

— Non, j'écoute aux portes…

Sa franchise est décidément très perturbante. Je hausse les épaules.

— Mais si… Je suis très contente, c'est juste que le mariage… Je ne sais pas… Enfin, vous ne comprendriez pas… De nos jours, ce n'est plus si sacré… Vous, c'était une autre époque… On disait « oui » à l'homme qui nous faisait sa demande…

— Détrompez-vous ! J'ai refusé deux fois de me marier et j'ai même divorcé de mon premier mari… Je ne sais pas si c'est le prénom, mais en tant que Simone, j'étais déjà une vraie féministe, éprise de liberté… Je voulais faire mes propres choix…

— Et pourquoi vous ne vous êtes pas mariée avec John ?

— Parce que j'ai refusé sa demande…

— Mais vous m'avez dit que c'était votre premier amour pourtant…

— Justement… et je ne voulais pas que ce soit le seul. J'étais jeune, j'avais tout juste dix-huit ans. Il m'offrait une vie confortable mais je rêvais d'autre chose…

— Et vous n'avez jamais regretté ?

— Quelques fois, si… J'ai connu des périodes compliquées et il m'est arrivé de me dire qu'avec John ma vie aurait pu être plus douce.

— Ah… Comme quoi, suivre ses envies n'est pas toujours la meilleure décision.

— Sauf que ce n'est pas le but. Faire ses propres choix et les assumer n'empêche pas de se tromper ou de regretter… Mais c'est ce qui vous mène sur le chemin de l'affirmation personnelle, mon petit.

Comme j'essaye de suivre son raisonnement, une ampoule s'allume dans ma tête.

— Si je vous comprends bien, j'aurais donc dû fermement refuser de vous laisser m'accompagner ici ?!

— Si vous étiez vraiment en désaccord avec cette idée, oui, tout à fait…

Estomaquée, je hausse le sourcil, Simone éclate de rire.

— Mais, en matière d'expérience, j'ai cinquante ans d'avance sur vous. Vous n'auriez pas pu lutter…

— Vous êtes infernale, vous savez ?

— Possible… En attendant, pour dépasser ses limites, il n'existe à ma connaissance que deux voies. Une bonne thérapie ou l'alcool blanc. Je n'ai jamais trop aimé Freud et ici nous avons à disposition de la bonne Zubrovska…

Je n'ai pas le temps de décliner qu'elle fait déjà des signes au barman en lui montrant les shoots de vodka vides.

— Simone, je crois qu'il ne faut pas abuser…

— Vous m'avez bien demandé mon secret pour une belle peau, n'est-ce pas ?

— Oui.

— Eh bien c'est la joie et le lâcher-prise…

— Quel rapport avec la vodka ?

— Ça rend guilleret, on ne se juge plus et l'alcool conserve plutôt bien…

— Mouais… J'ai quand même rarement vu un alcoolique avec un teint de pêche…

* * *

There ain't no mountain high enough,
Ain't no valley low enough,
Ain't no river wide enough,
To keep me from getting to you baby.

Après trois verres cul sec et face à un public qui me porte comme une star de la pop, j'ai finalement consenti à passer au micro. Je suis clairement en train de massacrer la chanson de Marvin Gay, je suis sûre à 100 % que demain j'aurai le teint brouillé mais, sur ce coup-là, Simone avait raison, je me sens bien et un peu plus libre…

19

— Attention ! Attention !

— Je fais ce que je peux, Simone ! Je vous rappelle que je n'ai pas l'habitude de conduire à gauche !

En direct de son carrosse, j'ai l'impression d'être le cochet qui amène la princesse au bal. Sauf que je jongle avec le GPS, les routes aux sens inversés et une concentration malmenée par la cuite de la veille. Ce n'est pas simple ! Assise à mes côtés, Simone, elle, est aux anges. Ce matin, elle s'est apprêtée, a pris soin de ses cheveux et a même déposé du rouge sur ses lèvres. Sa féminité s'est cependant arrêtée à son apparence. Malgré un frêle gabarit, j'ai découvert au petit-déjeuner un ogre en puissance. Des œufs, en passant par les saucisses, sans oublier les haricots blancs à la sauce tomate, elle n'a rien laissé. Et croyez-moi, avec les deux bonnes heures de route à partager, j'ai tout fait pour la dissuader de goûter aux haricots…

Je n'avais pas prévu ce périple, mais je dois reconnaître que sillonner ces routes de campagne au paysage champêtre est agréable.

— Selon le GPS, nous arriverons d'ici dix minutes.

La poitrine de ma grand-mère se soulève. Elle regarde l'horizon en expirant doucement. Pour la première fois, elle semble intimidée.

— Dites, vous ne m'avez pas raconté comment John et vous, vous vous êtes rencontrés…

— À un bal du 14 Juillet. Il passait l'été avec ses parents sur la côte. J'habitais Dinard… On avait l'habitude de croiser des Anglais. C'est un peu le berceau des Britanniques en Bretagne… Avec mes petites camarades, on se pomponnait pour faire nos poulettes devant eux. C'était la mission de nos vacances : réussir à flirter avec un Anglais.

— J'en déduis que vous avez réussi.

— C'est lui qui a réussi.

— Comment ça ?

— Il avait parié avec ses copains qu'il emballerait une pépette française. Il est passé devant notre groupe, a foncé droit sur moi sans même jeter un regard aux autres filles, et je peux vous dire que ma copine Jacqueline avait tout d'une Brigitte Bardot, et il m'a invitée à danser. Après trois chansons, on s'embrassait à en perdre notre souffle.

— Dites donc, vous êtes une rapide vous ! Trois chansons, ça fait quoi ? Dix minutes !

— Oui. Mais pourquoi attendre si les deux en ont envie ?

J'ai bien quelques réponses qui me viennent en tête, comme : savoir se faire désirer, se respecter, attendre le deuxième rendez-vous… Mais, dans le fond, je me demande surtout d'où me viennent ces idées préconçues ?

— Et ensuite ?

— Ensuite nous sommes restés collés tout le long de son séjour. On s'est revus durant les deux étés qui ont suivi et, au milieu de ça, de nombreux appels depuis une cabine téléphonique et surtout beaucoup, beaucoup de lettres.

— Et, après, il vous a fait sa demande et vous avez dit non…

— Oui. Il voulait que je le suive en Angleterre, que nous fondions une famille et, moi, je rêvais de monter à Paris pour être danseuse.

— Danseuse ?! Ah mais tout s'explique, Miss Joséphine Baker ! Je comprends mieux la souplesse et l'excentricité… Et vous avez réalisé votre rêve ?

— Plus ou moins… Je ne suis pas devenue l'étoile que j'imaginais, je n'ai pas fait que des bonnes rencontres, mais je ne regrette rien. J'ai bien vécu… Je me suis enrichie de mille vies et toujours en accord avec moi-même.

— Et John ?

— Il a fait son bout de chemin. Pendant presque quinze ans, on a même continué à se donner des nouvelles de temps en temps. Il m'a envoyé la photo de ses fils, je lui ai annoncé mon premier mariage… Puis, petit à petit, chacun a tourné la page. A écrit ses propres chapitres. Et nous voilà ici, toutes ces années après, pour terminer l'histoire…

Simone suspend ses mots. Comme un fait exprès, un rayon de soleil s'infiltre dans la voiture pour l'envelopper de lumière et caresser sa joue. Elle est belle. Je l'imagine à ses vingt ans. Quelle femme elle devait être ! L'instant est magique. J'en ai presque les larmes aux yeux. Je suis en train de graver l'image dans mon esprit, quand un petit bruit sec vient perturber la féerie du moment. Un petit bruit sec suivi d'une très désagréable odeur. Simone est imperturbable, pourtant j'ai la certitude que ce que je crois est vrai :

— Simone… vous avez pété ?

— Non…

Je la regarde, suspicieuse.

— J'évacue mes gaz, c'est tout…

— Ça s'appelle péter, ça, Simone !

J'ouvre les vitres de la voiture à la hâte pendant que ma comparse rit à gorge déployée.

— Ne refaites jamais ça ! Surtout en présence de John ! J'ai peut-être moins d'expérience que vous avec les hommes, mais je peux vous garantir que cette odeur est capable de mettre KO un poids lourd. Combien de plâtrées de haricots vous êtes-vous enfilées ?!

La voix du GPS nous interrompt pour nous annoncer que nous sommes bientôt arrivées. Immédiatement, Simone récupère l'enveloppe sur laquelle figure l'adresse de son bien-aimé et en sort quelques photos. Pas de doute possible, il n'y a qu'une maison au bout de l'allée et les clichés de la maison envoyés par John correspondent parfaitement à celle qui se dresse devant nous. Entouré de roses trémières, c'est un charmant *cottage* en toit de chaume et aux volets bleus. On peut difficilement faire plus bucolique. Je me gare sur le bas-côté.

— Et voilà, nous y sommes…

— Oui, on y est… Écoutez mon cœur.

Aussitôt, elle agrippe ma main pour la poser sur sa poitrine. Son rythme cardiaque est rapide. Puis, aussi vite, elle enchaîne :

— Il faut que je me refasse une petite beauté.

À l'instar d'une Mary Poppins, Simone sort de son petit sac à main bien plus d'objets que la besace semble pouvoir en contenir. Un parfum, un rouge à lèvres, un gobelet, un gel hydro-alcoolique, une flasque, une brosse à dents, mais aussi les petits savons de la chambre d'hôtel et même les chaussons… À ce rythme, je m'attends à voir apparaître la panière à fruits, le peignoir et les draps.

Elle se saisit du gobelet et de la flasque puis se détourne légèrement. J'imagine qu'elle a besoin d'un petit remontant pour se donner du courage. Moi-même, si je n'avais pas toute la route du retour à faire, je l'aurais volontiers suivie.

— En tout cas, votre John a une très jolie maison, dis-je en observant la demeure.

— Il a bon goût, oui. S'il vous plaît, pouvez-vous me tenir ceci…

Simone me tend son verre en plastique. Aussitôt, par réflexe, je le porte à mon nez. Mais au lieu d'en humer les effluves, je pousse un petit cri.

— Mais ?! Ce sont vos dents !

— Ne les avalez pas surtout... Je les désinfecte avec un bain de bouche.

— Simoneuuuuhhh ! fais-je écœurée.

— Oh, détendez-vous, ce ne sont que six petites dents... De nos jours, on fait de formidables prothèses amovibles, le saviez-vous ? Celles-ci, par exemple, sont très confortables...

— Hmmm, j'imagine, réponds-je en tenant le gobelet le plus loin possible de mon visage.

— Je vous le dis pour plus tard... Ainsi vous pourrez garder un joli sourire jusqu'au bout.

Elle poursuit en se brossant les dents restantes et finit par remettre son appareil. En la voyant faire, je me dis qu'en guise de campagne de prévention buccodentaire, on devrait plutôt montrer ce genre d'images aux enfants. Vous les verriez se précipiter à la salle de bains après chaque repas.

Après s'être recoiffée et aspergée d'un peu de parfum, Simone extrait de son sac une petite broche que je n'avais pas encore vue. Elle l'accroche délicatement à son chemisier et s'observe dans le miroir du pare-soleil.

— Elle vous va très bien.

— Un cadeau de John... C'est un petit ange qui tient dans sa main une étoile. Il disait qu'en le portant, il veillerait sur moi et m'apporterait la lumière.

— C'est adorable.

— Bon… c'est le moment, n'est-ce pas ?

— Je crois bien que oui…

— Allez… en route, mauvaise troupe.

— Bonne chance…

Simone sort de la voiture et je lui rappelle les consignes :

— Par contre, pas de mauvaises blagues cette fois, d'accord ? Je viens vous récupérer en fin d'après-midi et ce soir nous sommes dans le train…

— Je vous le promets… Mon guide m'en est témoin, dit-elle en posant la main sur le bijou angélique.

Je suis rassurée. Certes, elle vient de jurer sur une simple broche, mais j'ai le sentiment qu'elle a bien plus de valeur à ses yeux. Et puis, si elle m'entourloupe, je l'accuserai de blasphème !

Je l'observe s'avancer dans l'allée et j'hésite à redémarrer. J'oscille entre leur laisser ce moment d'intimité et patienter quelques instants pour découvrir à quoi ressemble ce fameux John. Ça fait un peu voyeuse, je sais. Mais après tout, n'ai-je pas droit à une petite compensation ? Tous les efforts fournis ne méritent-ils pas que ma curiosité soit satisfaite… ?

Simone sonne à la porte et je me surprends à avoir le cœur qui palpite pour elle. Je déglutis même. Après quelques instants, la porte s'ouvre enfin. Un homme apparaît mais… De Dieu ! Certes, il n'est pas de la première jeunesse mais tout de même… Il a bien vingt ans de moins ! Avant même que mon cerveau ne me confirme par le calcul que cet homme ne peut être John, je vois Simone s'agiter… Après quelques échanges, l'individu s'éclipse et laisse ma petite mamie sur le pas de la porte. Il revient un bout de papier à la main et ma copilote regagne la voiture, passablement remontée !

— John a menti !

— C'est-à-dire ?

— Ce n'est pas sa maison ! C'est celle de son fils !

— Mais… vous vous écrivez bien des lettres de temps en temps à cette adresse…

— Oui, et elles lui sont remises… à la maison de retraite !

— Attendez, vous m'avez dit que vous vous parliez régulièrement en vidéo, il vous a même montré son jardin avec sa caméra…

— Oui, et cela fait trois semaines que ce n'est plus arrivé. Il ne m'appelle plus que de sa chambre et prétexte même une mauvaise connexion pour écourter nos conversations… Eh bien, figurez-vous que je viens d'apprendre que cela fait trois semaines qu'il a fait une mauvaise chute et que le médecin lui a interdit les déplacements.

— Mais pourquoi ne vous a-t-il rien dit ?

— C'est bien ce que je compte lui demander… En avant, très chère, nous nous rendons à dix minutes d'ici !

20

— *Hi, we come to visit John Lilbury…*

À l'accueil, la demoiselle nous demande quel nom elle doit annoncer mais Simone, encore vexée, lui suggère de dire « une vieille amie ».

Mazette ! Ce qui devait être une surprise romantique tourne au règlement de compte… Cela m'inquiète pour la suite, même si je reconnais y trouver un peu de divertissement.

— Ne soyez pas trop dure avec lui tout de même…

— Il m'a menti !

— Oui… Il a préféré vous faire croire qu'il vivait dans un joli cottage plutôt que dans une maison de repos, c'est vrai. Mais j'imagine que c'est par coquetterie…

Simone ne relève pas et préfère afficher une mine boudeuse qui me fait aussitôt sourire.

— Et puis je vous rappelle qu'en matière de mensonges vous n'êtes pas en reste, madame Bobardises…

Ma petite mamie lève les yeux au ciel. J'ai l'impression de sermonner une enfant qui se serait disputée avec un camarade de classe au sujet d'un goûter. Elle s'apprête à me répondre mais renonce en voyant la source de ses contrariétés arriver.

— C'est lui…

À mon tour de découvrir le responsable de ces kilomètres avalés et de mon emploi du temps bousculé. Malgré son âge, la silhouette de John en impose encore. Grand et large d'épaules, il ne fait aucun doute qu'il devait être musclé durant sa jeunesse. Sa mauvaise chute le contraint à se mouvoir avec une canne, mais il n'a rien d'un vieux papy grabataire. Seule sa calvitie rappelle sa condition.

— Grand Dieu ! Il n'a pas de cheveux…

— Oh ! bah ça, Simone, vous le saviez quand même…

— Pas du tout ! Il a toujours une belle chevelure durant nos appels vidéo…

— Ah… ! Eh bien, je crois que nous avons affaire à un adepte du postiche…

En prenant conscience de sa présence, John affiche une mine incrédule.

— Simone ?

— *Exactly* !

L'aïeul avance vers nous avec autant d'excitation que d'appréhension. Le mélange des deux est savoureux à observer. De son côté, Simone tente de conserver une posture de retrait mais son enthousiasme ne peut être maintenu plus longtemps. Elle finit par lui tendre les bras.

— *My lovely, what are you doing here ?*

— Je suis venue te voir, pardi ! Mais je crois que tu me dois quelques explications, non ?

— *Yes*, répond-il penaud.

— Nous sommes d'accord là-dessus ! Ne reste pas debout. Va t'asseoir, je te rejoins tout de suite.

Durant les quelques mètres qui séparent John du canapé de la salle d'accueil, ce dernier n'a de cesse de se retourner et d'envoyer à Simone les air-baisers les plus ardents jamais vus. Aoutch ! Je me sens déjà de trop.

— Merci, Camille… Non sans mal, mais nous y sommes arrivées.

— Je ne vous le fais pas dire…

— Vous venez me chercher dans quatre heures ? Peut-être même quatre heures trente. Si l'effet du Viagra traîne un peu…

— Vous avez du Viagra sur vous ?

— Bien sûr, je m'en suis procuré auprès de mon fournisseur…

Je l'envisage, l'air incrédule.

— Auprès de Dom Juan…

— Décidément. Je connaissais le trafic d'armes, le trafic de cannabis, mais alors celui-là… ! Par contre, pardon mais, quatre heures… c'est si long à faire effet ?

— Oh non ! Mais la demi-heure de rab c'est pour le deuxième tour, en cas de besoin…

— OK. On s'arrêtera là pour les détails… Bonnes retrouvailles.

Je laisse ma mamie rejoindre son amant, non sans une petite appréhension.

Oui, j'ai accepté que les relations charnelles s'envisagent même à un âge avancé, mais ces deux-là m'ont l'air chauds bouillants. Tant d'émotion, n'est-ce pas contre-indiqué à quatre-vingts ans ? Un excès soudain de libido peut-il avoir des conséquences sur l'organisme ? Et puis je n'y connais rien, moi, aux effets secondaires des petites pilules bleues… Et si John décède pendant l'acte ? Et… Stop ! On se calme, Camille. Tu n'as que deux possibilités : aller faire un tour en te répétant que tout ira bien ou les espionner par la fenêtre pour alerter qui de droit en cas de problèmes médicaux. Et il est évident que je peux tourner de l'œil rien qu'en envisageant la deuxième idée plus longtemps.

21

Il me reste encore une demi-heure à patienter et je commence à sécher sur les activités. J'ai fait trois fois le tour de la petite ville, mangé mon déjeuner le plus lentement possible, examiné le prix des locations exposées en agences immobilières et manqué de m'acheter un saxophone alors que je suis incapable de reproduire *Au clair de la lune* à la flûte à bec...

Avant de m'en retourner à la maison de retraite, je décide de m'arrêter à l'orée d'un champ et de profiter du paysage, tout en dégustant une canette de Dr Pepper. Arghhh ! La boisson porte bien son nom. Un vrai goût de médicament ! Que c'est mauvais ! Je me languis de retrouver les jus de fruits frais d'Alice... Sans oublier les roulés à la confiture de Gaëlle. Et les baisers d'Ewen. Aussitôt une chape de plomb me tombe sur les épaules. Je me sens coupable. Coupable de ne pas me réjouir de sa demande. Combien de fois ai-je souhaité trouver une personne qui m'aime comme lui ?

Je me fais l'impression d'une petite fille capricieuse, insatisfaite malgré sa chambre remplie de jouets. Mon Dieu, je suis une enfant exécrable qui ne mérite pas son confort. Je suis Dudley dans Harry Potter ! Au moins, célibataire, sans le sou, vivant dans un studio, je pouvais m'envisager en Harry Potter dans le placard sous l'escalier. On a toujours de la compassion pour les tourments des plus démunis. Jamais pour ceux dont le seul problème est le choix de la couleur des rideaux occultants.

Sans que je m'en rende compte, prise dans mes pensées, j'ai marché au moins deux cents mètres. Au loin, dans le champ, mon regard s'arrête sur un mouton. Il est isolé des autres et m'observe avec une drôle d'intensité. Pas le temps de dire ouf, qu'il fonce déjà droit sur moi. Ah non ! Ça ne va pas recommencer ! Heureusement, la clôture est là pour me rassurer. Et à moins d'avoir affaire à un mouton champion de saut en hauteur, je ne risque rien. Arrivé presque à ma hauteur, l'animal s'arrête et m'envisage. Tout comme moi. Ses petits yeux sombres sont adorables mais je me méfie.

— Quoi ? Tu viens me dire bonjour ou tu es en mission pour me persécuter ? Je te préviens, j'ai déjà affronté ta collègue française Babouche, alors je ne crains plus personne.

Le mouton reste immobile.

— Qu'est-ce que tu fais là ? Allez, va voir tes copains. Regarde, ils broutent tous ensemble… Quoi ? Tu n'apprécies pas le groupe ? Tu ne te sens pas à ta place ?

Toujours pas de réponse.

— Ça arrive, tu sais. Même moi je suis entourée et pourtant je me sens perdue. En ce moment, j'ai l'impression qu'on me demande de danser une samba alors que je peine déjà à apprendre une chorégraphie TikTok.

L'ovidé ne réagit pas.

— Bon, je te l'accorde, ma métaphore n'est pas des plus pertinentes. Toi, tu ne danses pas et tu connais encore moins TikTok. Mais ce que je veux dire c'est que je ne suis pas en rythme. Je suis en décalage complet. Tout va trop vite. Jusqu'à présent, j'avais des rails… Des rails que je suivais sans me poser de questions et ça me convenait. Petite, on entre à l'école, puis au collège, au lycée… On sait qu'il y aura le premier baiser, la première cigarette, la première cuite. Ensuite les études supérieures, le permis, les sorties entre copines, les premières relations sérieuses et enfin un travail… On rencontre la bonne personne, on s'installe, on se marie, on fonde une famille… Voilà la danse de la vie à laquelle je m'attendais. Et tu sais quoi, mouton ? Ça m'allait ! Ça m'allait même très bien. Chaque partie avait son tempo précis et c'était rassurant. J'avais le mode d'emploi d'une existence toute tracée. Sauf que j'en suis à la partie mariage et mes pieds s'emmêlent. Ils refusent la cadence. Mes repères ont volé en éclat. Et le plus déstabilisant, c'est que pour mon entourage, tout semble couler de source. Ils s'adaptent aux changements avec la plus grande des facilités. Ma mère est de nouveau mariée, ma meilleure amie a eu un bébé, mon petit ami veut m'épouser et je suis la seule à être comme sclérosée. On dirait que je refuse d'évoluer. Tu crois que je suis tordue ?

Je laisse un temps que je réalise ridicule.

— Après il faut reconnaître que je discute avec un mouton… Je ne dois pas être bien nette non plus…

L'animal me regarde intensément. Son regard est doux. J'ai même l'impression qu'il incline légèrement la tête comme pour acquiescer et m'envoyer de la tendresse… Mon cœur se remplit, je lui souris quand, tout à coup, il me bêle violemment dessus avant de déféquer devant moi et de repartir brouter au loin.

— Ah bah ! d'accord ! Mais c'est dingue ce manque de considération ! Ce n'est pas une façon de faire, tu sais ! Oui, voilà ! Retourne donc à tes moutons ! Mais ne t'étonne pas si un jour tu finis en UGG !

Qu'on se le dise, encore une altercation de ce genre et dans peu de temps je deviens ovidophobe !

22

— Aaaaahhhh !

Je mets un moment avant de comprendre ce qui m'arrive. Simone, qui m'attend à quelques mètres de là, ne fait décidément preuve d'aucune empathie. J'ai même l'impression qu'elle se moque.

— Mais on ne mange jamais une barquette de frites sur le pont, voyons…

— Comment je peux le savoir ? Ils vendent des frites à proximité et personne ne prévient que c'est un appel à l'attaque de goélands. À tous les coups, c'est un stratagème commercial pour nous inciter à acheter une deuxième barquette dans la foulée !

Alors que je viens tout juste de m'offrir de quoi me sustenter en pommes de terre, je suis victime d'un racket ! Et croyez-moi, se faire racketter par un goéland, ça surprend ! Je n'ai même pas eu le temps de goûter à ma collation que la bestiole s'est jetée sur mon bien pour me le chaparder au vol… Dépitée, j'observe mon agresseur ailé se repaître de mon goûter. Est-ce que tous les animaux que je croise se sont passé le mot pour former une coalition dont l'objectif est de me malmener ?

C'est que nous sommes à Brighton et, plus précisément, dans la baie de Brighton. À la maison de retraite, après des embrassades fougueuses à n'en plus finir, John a promis à Simone de lui rendre visite en France au plus vite. Elle lui a aussi fait promettre de ne plus mentir, de filmer pour elle la prochaine floraison des narcisses du jardin de son fils et d'abandonner le postiche. Enfin, je crois. J'ai intercepté quelques murmures évoquant l'idée de garder la perruque pour d'autres occasions. J'ai noté le sourire fripon des deux amants. Je n'ai pas voulu en savoir plus…

Quand, sur le chemin du retour, Simone a proposé de faire un détour par la ville, j'ai évalué le temps qu'il nous restait et j'ai rapidement accepté. J'ai toujours eu envie de découvrir Brighton. Je ne cache pas que l'appel du ventre a joué dans ma prise de décision. Mais maintenant que mon premier souvenir marquant des lieux est une attaque de volatiles, je regrette un peu. Malgré tout, l'air marin et le visage radieux de Simone qui observe l'horizon me ravissent.

— Vous avez remarqué, mon petit, comme on se sent toujours bien, proche de la mer ?

— C'est vrai…

— J'ai toujours eu la sensation de me sentir chez moi quand je suis proche d'elle… Comme si je retrouvais un membre de ma famille. D'ailleurs, c'est adorable quand les enfants disent qu'ils veulent voir la mer... On pourrait croire qu'ils réclament leur maman. C'est un bel homonyme.

— Ah, oui, tiens... Je n'y avais jamais pensé...

— Je pense que vous feriez une formidable maman...

— Arfff... Quand je vois que je ne suis pas capable de garder en sécurité une barquette de frites plus de trente secondes, j'ai peur pour ma descendance.

— Vous avez un grand cœur, vous vous préoccupez des autres, c'est le plus important. Tout le reste s'apprend... Il faut être généreuse pour avoir fait ce que vous avez fait pour moi...

— Moui... Je ne sais pas si mon cœur se préoccupe si bien des autres...

— Vous pensez à votre petit copain ?

J'acquiesce en haussant les épaules.

— Une vie passe vite, Camille... Et à l'arrivée, l'amour reste la seule chose qui en vaille la peine...

— Vous dites ça parce que vous pensez que je devrais accepter sa demande en mariage ?

— Non.

— Ah, donc selon vous, il vaut mieux que je refuse ?

— Non plus...

— Bah, alors quoi ?

— Je pense que vous devriez arrêter de chercher la bonne case à cocher et découvrir ce qui s'offre à vous en dehors de ces cases...

Je ne sais pas si c'est l'air iodé qui contrarie ma compréhension, mais je ne vois pas du tout où elle veut en venir…

— Ce que je dis, c'est qu'il n'y a pas que deux options à chaque fois… Il y a celles que l'on se crée… Celles que l'on décide… Je vous rappelle que selon l'avis général de beaucoup, la seule alternative qu'il me reste à mon âge c'est d'attendre la mort dans une maison de retraite et de me réjouir d'une sauce pas trop liquide pour accompagner l'escalope du midi… Et pourtant, je suis là… en Angleterre, au bord de la mer, après avoir revu mon premier amour…

— Parce que vous m'avez forcé la main et fait du chantage à la crise cardiaque !

Simone m'offre un rire plein de malice.

— Vous voyez… C'est bien ce que je dis… On peut toujours se créer de nouvelles options…

— Vos conceptions sont un peu tortueuses…

— Vous êtes une jeune femme intelligente et pleine de ressources. Acceptez d'être qui vous êtes, avec vos contradictions, et trouvez votre manière de vivre à vous.

— Mais je me trouve tellement égoïste…

— Vous n'êtes pas égoïste. Vous êtes triste, ma jolie…

À ces mots, mon cœur décide de poser une RTT. J'ai peur qu'il ne réussisse jamais à retrouver le chemin du bureau. Je prends une grande inspiration pour le forcer à battre de nouveau.

— Mais je n'ai pas le droit de l'être… J'ai tout pour être heureuse.

— Vous n'avez pas à juger votre tristesse ou à la placer sur une échelle de valeur… Bien sûr, il existe des situations où le chagrin est tellement grand, qu'il n'est jamais remis en cause. Perdre un être proche rend triste… C'est même une des plus grandes douleurs… J'en sais quelque chose… Cependant, ce n'est pas parce que vous avez l'amour, un travail, la santé que vous n'avez pas le droit à la tristesse… Si vous l'êtes, c'est que c'est vrai… Votre peine se manifeste pour vous informer que quelque chose n'est pas en accord avec vous. Il faut juste avoir le courage de chercher comment y remédier.

— Mais j'ai tellement peur de le perdre si je refuse…

Simone plante son regard dans le mien.

— Et lui ? Vous ne pensez pas qu'il serait triste de perdre un bout de vous si vous acceptiez les choses uniquement par peur ?

Je jure que j'ai cligné des yeux au moins trente fois d'affilée. Le sentiment de devoir répondre à une énigme niveau « expert », elle-même énoncée en araméen. Ma boîte crânienne est en surchauffe, je redoute une fracture du cervelet. Et soudain, une illumination. Je commence à entrevoir une autre issue possible. Mon angoisse n'est pas totalement dissipée, mais elle semble se fondre dans une forme d'excitation. Un renouveau. Il faut que je rentre, vite.

— Vous allez bien ?…

— Je crois oui… J'ai peut-être trouvé une autre case à cocher…

— Oh… ! Nous reprenons le chemin du retour alors ?

— Tout à fait. Prévenez votre grande amie Delhya que sa voiture sera bientôt de retour.

Simone saisit son téléphone et pianote un SMS en se concentrant sur les touches.

— Je lui envoie aussi quelques photos de John et moi…

— Eh oui, c'était le *deal*…

— Mais attention, je ne lui partage pas celles où il est le plus beau, elle risquerait de me le piquer…

Je ris.

— Vous avez raison. Il faut rester vigilante. Allez ! en route, Simone !

23

For once in my life I have someone who needs me.
Pour une fois dans ma vie, j'ai quelqu'un qui a besoin de moi.
Someone I've needed so long…
Quelqu'un qui me manquait depuis si longtemps…

En compagnie de Stevie Wonder dans les oreilles, je patiente depuis dix minutes devant la boulangerie en attendant qu'elle ouvre. Il est bientôt 6 h 30 et la perspective de croquer dans des croissants tout chauds me fait baver comme un bouledogue devant une écuelle de pâté. Il faut dire que j'ai des raisons d'avoir les crocs. Je suis réveillée depuis cinq heures du matin, après avoir somnolé tout juste deux heures. Surexcitée par mon idée, j'ai peiné à fermer les yeux. Heureusement que je n'avais pas de fleurs à dépiauter sous la main, j'aurais dormi sur un lit de pétales !

À notre retour à Paris, j'ai aussitôt repris la route pour ramener Simone à la maison de retraite. Une fois rentrée en pleine nuit, je ne voulais surtout pas réveiller Ewen. Mais ce matin, je suis prête à lui faire ma demande, et ce, dans les meilleures conditions.

For once unafraid,
Pour une fois sans peur,
I can go where life leads me,
Je peux aller où la vie me mène,
And somehow I know I'll be strong.
Et quoi qu'il arrive je sais que je serai fort.

Quand la boulangère me fait enfin entrer, l'odeur des viennoiseries et du pain à peine sortis du four m'enveloppe. J'ai la sensation de planer dans une bulle à température ambiante recouverte de sucre glace. En semi-état de transe, je souris à la vendeuse et je vois ses lèvres s'agiter. Pour autant, je ne comprends pas ce qu'elle me dit. Puis je pense à retirer mes écouteurs et c'est tout de suite beaucoup plus clair.

— Pardon... Excusez-moi. Alors je vais vous prendre des croissants, des petits pains au chocolat et... cette tartelette en forme de cœur, s'il vous plaît.

C'est un signe ! C'est évident. Se retrouver nez à nez avec une tartelette en forme de cœur, ce n'est pas anodin. C'est un clin d'œil de Cupidon. Encore que, quand on y pense, c'est pour le moins douteux d'attribuer à un enfant, fan de tir à l'arc et vêtu d'une simple couche-culotte, le pouvoir de faire tomber les gens amoureux.

Quoi qu'il en soit, je repars satisfaite de ma trouvaille.

À cette heure-ci, les fleuristes ne sont pas encore ouverts. Dommage. J'aurais aimé aller jusqu'au bout de la démarche. En passant devant la terrasse d'un rez-de-chaussée fleuri, une jardinière de bégonias me fait m'arrêter. Je n'hésite pas longtemps. À qui manqueront ces fleurs si je les emprunte quelques heures ? Juste quelques heures… Et je promets de les remettre à leur place très vite. En fin de journée. Ou disons cette nuit. Enfin au moment où la probabilité de me faire surprendre par un témoin sera au plus bas, quoi…

Une fois dans l'appartement, je veille à être la plus discrète possible. Le réveil d'Ewen sonnera d'ici quinze minutes. Je déplie un plaid au sol et y dispose le petit-déjeuner ainsi que mon larcin végétal. Côté vitamine, je n'ai qu'une orange et elle commence à se momifier. Tant pis, je la presse quand même et ajoute de l'eau dans le verre. Le jus n'aura pas pour vocation d'être bu, considérons-le simplement comme un élément de déco. Pendant que le café coule, je fonce à la salle de bains. Juste le temps de me brosser les dents et de me recoiffer qu'un *bip bip* en provenance de la chambre m'indique qu'Ewen sera bientôt debout. Je me précipite dans le salon, sans oublier d'emporter avec moi un élastique.

Quand il me découvre, je suis assise au milieu de mon pique-nique improvisé. À son expression, je vois qu'il est aussi surpris que charmé. Pourtant mon enthousiasme est ébranlé par une angoisse. Mon sourire se fige et se transforme en crispation. Et si je faisais une terrible erreur ? Et si j'avais mal interprété les conseils de Mamie l'Audace ? Et si elle-même ne comprenait pas un traître mot à ce qu'elle énonçait comme des recettes de vie ? Je me sens terriblement ridicule tout à coup. Et effrayée. Je peux encore décider de renoncer. Voilà. Ce sera juste un petit-déjeuner rigolo. Ni plus ni moins. Alors pourquoi est-ce que je ne me sens pas davantage soulagée ? Les mots de ma facétieuse grand-mère me reviennent en un coup : « Votre peine se manifeste pour vous informer que quelque chose n'est pas en accord avec vous. Il faut juste avoir le courage de chercher comment y remédier. » Alors admettons : même si son seul désir était de se jouer de moi, là-dessus elle ne peut pas avoir totalement tort, n'est-ce pas ?

Nom d'un chandail grignoté par les mites, lance-toi, Camille ! Lance-toi !

— Mon amour… J'ai quelque chose à te demander.

Ewen s'avance jusqu'à moi et j'en profite pour mettre un genou au sol. L'effet escompté n'est pas celui imaginé. Je me retrouve nez à nez avec son caleçon de nuit imprimé Gargamel. Mince ! Après quatre mois dans les placards, c'est donc aujourd'hui qu'il se décide à porter le cadeau de Noël de Nicolas… Si le penchant pour les vêtements humoristiques de l'ancien gogo danseur peut parfois m'amuser, j'en suis moins fan quand ils se retrouvent sur les fesses de mon petit ami. Le nez crochu et le mono-sourcil du mangeur de Schtroumpfs me perturbent, je préfère me relever.

— Ewen… J'ai bien réfléchi… Enfin « bien »… Du mieux que j'ai pu, disons… Et, je… Alors voilà… Acceptes-tu de… te non-marier avec moi ?

— Quoi ?

Arfff… La tournure sonnait mieux dans ma tête. Peut-être aussi que choisir le saut du lit pour une pareille demande n'était pas le meilleur moment.

— Est-ce que tu serais d'accord pour un non-mariage d'amour ?

Nouvelle tentative, nouvel échec. Ewen fronce les yeux et j'ai peur qu'il perde patience.

— En fait, ce que je te propose, c'est qu'on s'unisse différemment. Ces derniers jours j'étais perdue… Jusqu'à maintenant, je pensais qu'une demande en mariage c'était presque comme le baromètre d'un couple. Soit on disait oui, fou de joie, pour poursuivre sur un « ils se marièrent et eurent beaucoup d'enfants », soit on répondait non et c'était le signe qu'on s'était trompé de partenaire, de route, on prenait ses jambes à son cou et on arrêtait tout. Sauf que moi, je suis sûre de vouloir être à tes côtés. Je n'ai pas de doute là-dessus. Mais pas de manière aussi conforme. Ou pas si vite. Ou…

— OK, OK… Pense à respirer… Je crois que j'ai compris…

Bon. Je me faisais une montagne de sa réaction, mais il semble le prendre de manière tout à fait sereine. Maintenant que j'ai ouvert les vannes, autant tout déverser.

— Et aussi… j'adore ma filleule et je suis heureuse de voir Maddy épanouie dans son rôle de maman, mais je ne sais pas encore quand moi je serai prête… ou si seulement je serai prête un jour… Alors, on peut aussi prendre un petit chat ou un petit chien… Bien sûr, je sais que ça n'a rien à voir… Encore que, en matière de popo, dans les deux cas, c'est à nous de nous en charger. Mais bon, un animal ça fait quand même moins ses besoins. Et en termes de volume sonore c'est incomparable… Par contre, avec un chien ou un chat, on devra ramasser ses crottes toute sa vie… Oh mince, je m'égare. Enfin, ce que je veux dire, c'est que je me vois avec toi. J'ai tout un tas de projections pour nous, mais si ton rêve c'est vraiment de te marier et de fonder une famille, alors je ne peux pas te garantir que ça arrivera parce que je ne sais pas encore si c'est fait pour moi… Et je préfère prendre le risque de te perdre plutôt que d'accepter un tango argentin, alors que je rêve d'un slow…

— Un petit chien…

— Hmmm ?

— Va pour un petit chien. J'adore ! Et un non-mariage d'amour aussi, si tu veux…

— Vraiment ? Je veux dire, ça te va ?

— Oui…

— Mais tu n'es pas en colère ou déçu ?

— Déçu que la femme que j'aime soit honnête avec moi et me propose de partager le ramassage de crottes d'un animal ? Je ne pouvais pas rêver mieux.

Je me félicite d'avoir fait l'impasse sur le mascara ce matin. Avec les larmes qui me coulent sur les joues, je nous ai évité l'union d'une *the Crow* et d'un mangeur de lutins bleus.

— Par contre, j'aimerais que tu réitères ta demande. Accorde-moi au moins la possibilité d'y répondre solennellement, me dit Ewen sur le ton de la plaisanterie.

— Bien sûr, fais-je en reniflant. Alors Ewen, est-ce que tu veux bien ne pas m'épouser ?

— Avec grand plaisir…

Mon futur non-mari s'apprête à m'embrasser mais je l'arrête.

— Attends ! J'ai ta bague…

J'enlève de mon poignet le symbole de notre union particulière et l'enroule à son doigt.

— Un élastique à cheveux ? C'est ça ma bague ?

— Bah… J'ai tout décidé cette nuit, alors…

— Elle est parfaite… Rose avec des petits pois blancs tout autour… Cartier n'a qu'à bien se tenir.

— Je t'aime…

— Je t'aime aussi…

— Maintenant, installe-toi, je t'ai préparé un petit banquet de non-mariage.

Ewen s'assied et croque dans un pain au chocolat. Les gargouillis de mon ventre m'indiquent que je vais devoir me sustenter à mon tour sous peine de décès imminent. Je tiens bon encore quelques instants, le temps de rejoindre la cafetière pour nous offrir deux tasses fumantes.

— Au fait, je crois que j'ai réussi à suivre tout le déroulé de ta pensée mais l'histoire du tango et du slow, ça te vient d'où ? me demande Ewen.

— Oh… c'est quand j'échangeais avec…

Je suspends ma phrase. Non. Inutile d'expliquer que j'ai tapé la discute avec un mouton… Vraiment.

— Ce n'est rien… Tu sais… Moi et mes métaphores…

— Pouah !

Je me retourne et manque de renverser la tasse de café chaud. Je découvre alors un petit ami tout chiffonné du visage. Je comprends.

— Oh non ! Le jus d'orange ! Il ne fallait pas le boire. C'était de la déco…

24

Une semaine que je me suis mise au clair auprès de mon petit ami et j'ai le cœur si léger que je ne doute pas que ma balance affiche deux kilos de moins à ma prochaine pesée.

Je me pensais davantage conformiste, croyant que « quitter les sentiers battus » rimait avec « arrivée des déconvenues ». Depuis que je me suis un peu libérée, je reconsidère même le thème de mariage de ma mère. Enfin, pas exactement. Je reste d'avis que placer son union sous le signe des *ribs* sauce barbecue n'est pas le summum de l'élégance. Mais je prends conscience que mon malaise était moins lié à son choix de thème atypique qu'à la croyance qu'il y a des conventions auxquelles on ne doit pas se soustraire… Miroir, mon beau miroir, dis-moi ce qui te dérange chez les autres, je te dirai qui tu es…

J'ai même commencé à réfléchir à ma cérémonie. Le résultat a abouti à un assortiment de petits fours

Picard à déguster dans notre salon. Une crémaillère en somme… Je me laisse du temps pour trouver mieux.

Un bonheur n'arrivant jamais seul, j'en ai également fini avec le montage de l'interview de Delhya Magilton. Je redoutais le retour du producteur sur mon travail, mais la séduction de Simone ayant opéré sur l'actrice, la star de cinéma a transmis sa grande satisfaction sur le choix de la journaliste missionnée.

Ces derniers jours ont été si libérateurs qu'aucune ombre au tableau ne semblait pouvoir ternir mon quotidien. J'en étais même venue à l'oublier… Mais la mauvaise herbe n'est pas si facile à faire disparaître. Et, malheureusement, la reine du chiendent n'a pas mis longtemps à faire son grand retour.

Ding-dong…

— Tiens, madame Bergeoise… Que puis-je faire pour vous ?

— Je viens vous faire signer ceci…

— Qu'est-ce que c'est ?

— Une pétition de mécontentement à l'égard du concierge…

Je ne connais pas encore la teneur de ses revendications que j'ai déjà les oreilles qui fument.

— Qu'est-ce qu'il a fait ?

— Il rentre les poubelles à sept heures du matin.

— Ah… Et c'est trop tôt c'est ça ?

— Non ! C'est trop tard ! Il est censé les remettre en place la veille au soir.

Un saut rapide dans ma mémoire m'indique que le gardien dépose les poubelles dans la rue un peu avant le ramassage des éboueurs, vers 22 heures. De plus, il laisse toujours une poubelle vide dans le local en cas de besoin nocturne. Qu'est-ce qui pose encore problème à ce pissenlit sur pattes ?

— Mais ça nous change quoi, à nous ? Je sors rarement mes poubelles après 21 heure, ça m'épuise d'avance rien que d'y penser… À dire vrai, je suis même épatée que cet homme ait le courage de s'en occuper chaque soir plutôt que de flemmarder sur un canapé…

Malgré mon ton badin, je suis sincère. D'autant que si les poubelles sont de retour à l'aube, c'est que le réveil du brave homme est bien matinal. Ce qui, à mes yeux, relève encore une fois d'un bel exploit physique.

— Ce n'est pas la question ! Il doit respecter les règles…

Face à mon mutisme, j'entrevois que Gerbille est légèrement déstabilisée. Elle tente d'argumenter pour justifier son initiative.

— Et puis c'est une question pratique… Prenons votre exemple… Vous avez emménagé il y a peu. Eh bien imaginez que vous ayez besoin de vous débarrasser d'un tas de cartons, et là, vous tombez sur un local à poubelles quasi vide, que se passerait-il ?

— Il se passerait que vous viendriez sonner à ma porte le lendemain pour me rappeler qu'on ne sort pas ses cartons si tard…

Si la haine cherche une ambassadrice, elle peut engager Bergeoise sur-le-champ. Ses yeux ont viré au rouge sang et ses babines retroussées ont pris exemple sur celles d'un doberman prêt à attaquer un cambrioleur. La colère irradie de tout son être.

— Méfiez-vous, jeune fille ! Votre impertinence risque de vous coûter cher !

— D'accord…

Ma nonchalance a pour effet de décupler le pourpre qui envahit son faciès. Pour ne rien arranger, mon imagination (qui n'a décidément pas le sens du timing) transforme Bergeoise en tomate géante, qui explose d'un coup sec pour se déposer à mes pieds en un coulis poisseux. Je me mords l'intérieur de la joue pour réfréner mon rire, mais la crapule a l'œil.

— Prenez ça à la légère ! Mais je suis présidente du syndic ! Et ce n'est pas une petite effrontée qui va faire sa loi ici !

— C'est vrai… Et je n'en ai pas l'intention étant donné que nous ne sommes ni au tribunal, ni en prison, n'est-ce pas ?…

Alerte ! Alerte ! Préparez vos spaghettis, une sauce bolognaise est sur le point d'être servie.

Comme je suis à ma porte, Gerbillette ne peut me la claquer au nez… Malgré tout, je redoute une action de sa part. Elle tremble de colère et, faute d'autre chose, je crains qu'elle ne me saute à la gorge et me morde la jugulaire. Dans le doute, je recule d'un pas. Contre toute attente, elle se détourne de moi et quitte le palier, folle de rage. Je retrouve alors un Ewen, au sortir de sa douche, ignorant des menaces de représailles qui grondent.

— Mon cœur, ça te dit, des *pennes* aux champignons ?

Non, ce face-à-face ne m'a pas coupé l'appétit ! Je vais même prendre grand plaisir à préparer et savourer mon dîner. Pour ce qui est de la vengeance en revanche, il est dit que c'est un plat qui se mange froid… Je n'ai peut-être pas le projet de faire ma loi, mais j'ai bien l'intention de rétablir l'équilibre.

25

Pour mettre en marche mon plan d'action, j'ai étudié tous les moyens possibles et surtout leurs retombées. Aucun droit à un second essai sous peine de faire échouer mon stratagème et d'avoir à subir un déménagement express. Alors pour ce faire, je me suis inspirée des étapes de la chasse des tigres.

ÉTAPE 1 : LE DÉPART À LA CHASSE

Le tigre guette et observe sa proie.

Depuis mon emménagement, je n'ai pas eu d'autre choix que de subir la présence de madame Bergeoise. Mais ces dernières semaines, c'est moi qui me suis appliquée à scruter ses moindres faits et gestes. À tendre l'oreille. À coller mon œil au judas. Je suis restée discrète tout en notant soigneusement ses déplacements et en décryptant sa routine quotidienne. En me voyant faire, je me serais volontiers assommée avec une poêle à frire. J'avais tout l'air de la proie que je traque. Mais aujourd'hui je suis en mesure de dire à quelle heure elle se lève, ce qu'elle mange ou si un rhume lui chatouille les narines. Ce matin, j'ai même décidé de me rendre chez l'étudiante à la cigarette intempestive. J'ai besoin d'en savoir plus. Je m'inquiète du sort de cette inconnue. Et aussi, soyons honnête, je cherche à me donner le courage de poursuivre ma mission. Je m'attends à entrer chez une jeune femme un peu hippie, entourée de cendriers qui débordent et de murs ternis par la fumée. Pourtant, une fois chez elle, je découvre un studio tout ce qu'il y a de plus classique. Si dans son évier traînent des couverts et une assiette sale, rien ne témoigne d'une insalubrité et encore moins d'une cheminée vivante causant du tort aux poumons des résidents.

— C'est bien un câble USB que tu veux ?

— Oui voilà…

Évidemment je me suis rabattue sur n'importe quel prétexte pour pouvoir échanger avec elle. Son tutoiement immédiat me rassure. Pendant qu'elle ouvre ses tiroirs, je l'interroge alors de façon détendue.

— Tu vis ici depuis longtemps ?

— Bientôt deux ans…

— OK… Avec mon petit ami, nous, on est encore nouveaux dans l'immeuble. Et ça va, ça te plaît ?

— Oui, l'appart et le quartier sont sympas mais à la fin du mois de juin je quitte les lieux…

Mon cœur palpite. Je sens qu'une vague d'indignation me transporte.

— Ah. Et pourquoi ça ?

— Déjà parce que je finis mes études… Donc je repars du côté de chez moi, en province. Et puis le voisinage n'est pas top. La présidente du syndic se mêle de tout. Quand je brûle de l'encens, elle croit que je fume. L'agence immobilière m'a même appelée pour me rappeler à l'ordre. J'ai beau leur dire que je ne suis pas fumeuse, c'est déjà la deuxième fois qu'on me soûle avec cette histoire… C'est vraiment n'importe quoi ! Et même si je clopais, en quoi ça la regarde ? T'es pas d'accord ?

J'opine de la tête silencieusement, mais intérieurement je hurle. Françoise Bergeoise a donc bien signalé l'étudiante. J'ai envie de lui proposer d'aller retapisser la porte de ma voisine à grands coups de nouilles trop cuites, mais je dois conserver mon calme. Il ne faut pas que je grille ma couverture d'agent infiltré. Cette jeune fille m'a l'air bien sympathique et pourrait même être une alliée, mais rien ne me dit qu'au cours d'une confrontation avec Gerbille, elle ne révèle mes intentions. Non, je dois faire cavalier seul.

— Il y a plein de gens ici qui la détestent… Bien sûr, il y a ceux qui vont dans son sens, parce que c'est toujours bien d'avoir la présidente de la copro dans la poche… Et puis il y a les autres qui l'appellent « la chef », mais qui lâchent l'affaire parce qu'ils ont une vie, un travail, des gamins… C'est ça le truc. Elle, elle a tout son temps pour emmerder le monde… En tout cas, elle ne va pas me manquer.

— Je vois…

Oh oui ! je ne vois même que trop bien… Et, envahie par un excès d'orgueil, j'ai même le sentiment d'être la seule à pouvoir libérer les villageois de l'odieuse reine tyrannique.

— En tout cas, merci… Je te souhaite bon courage pour la dernière ligne droite de tes études…

— Merci, c'est sympa.

Je me dirige déjà vers la porte, toute à mes pensées quand l'étudiante me rappelle que j'ai décidément du mal avec le jusqu'au-boutisme.

— Mais tu n'avais pas besoin d'un câble USB ?

— Hein ? Ah bah si… Bien sûr… le câble…

26

ÉTAPE 2 : UNE APPROCHE SILENCIEUSE

Le tigre avance vers sa proie, caché sous les taillis.

À l'instar du félin, j'avance doucement… Mais comme je ne suis qu'un être humain, je réadapte mon approche. Je ne vais pas me planquer derrière un buisson, à attendre que Bergeoise me passe devant pour lui planter mes crocs dans le flanc. Pas plus que je n'envisage de lui balancer un filet de capture pour la séquestrer dans un garage sombre et isolé. Encore que…

J'ai surtout décidé d'agir par des moyens indirects. Pour ne pas qu'elle déjoue mon plan ou ne rameute son troupeau, j'opte pour une attaque par surprise, afin de désarmer mon adversaire. Et s'il est une chose que Bergeoise aime tout particulièrement, c'est le calme et l'ordre. De fait, pour la faire réagir suffisamment, il me fallait commencer par déstabiliser la bête avec ce qu'elle redoute le plus. Et j'ai à portée de main sa plus grande hantise.

— Tu es certaine qu'on va la croiser ? me demande Maddy.

— Absolument. Gerboise sort tous les jours à 10 h 45 pour aller faire ses courses.

— Parfait… Parce que si dans deux minutes Léa n'a pas son biberon, elle va nous réveiller tous les morts de Paris.

— Et c'est exactement ce qu'on cherche… Il faut que ma voisine me croise aux côtés d'un bébé dont la voix rivalise avec les octaves de Mariah Carey…

En compagnie de ma filleule et de ma meilleure amie, j'ai presque transformé le hall de mon immeuble en crèche. Léa est dans sa poussette, le panier de rangement déborde d'accessoires pour enfant et j'ai des sacs de couches plein les bras. L'idée étant que ma mégère s'interroge (et s'angoisse) sur l'installation prolongée d'un petit être braillard au-dessus de chez elle. Pour leur participation à cette mise en scène, j'ai promis à Maddy des soirées baby-sitting à volonté et des tours de manège sans condition pour ma filleule.

Quand j'entends la porte de l'ascenseur, j'ai la conviction que Bergeoise va en sortir. C'est le moment que choisit Léa pour nous informer de la manière la plus autoritaire possible qu'il est grand temps de la nourrir. De ses ultrasons (qui communiquent directement avec les dauphins, c'est certain), elle nous offre sa meilleure sérénade à l'instant où Gerbille atteint le hall d'entrée.

Quel sens du rythme ! Cette petite est décidément une actrice née.

— Tout va bien, ma puce. Allez, on rentre… fais-je au-dessus de la poussette.

Son sac cabas à la main, j'entrevois le ralentissement de la retraitée qui arrive à notre hauteur. Léa poursuit sa performance vocale et je prends plaisir à en rajouter.

— On arrive à la maison, mon ange. Quel sacré petit caractère… ! Tu n'arrêtes jamais…

Je relève distraitement la tête et feins de découvrir la présence de ma voisine. À son regard horrifié, pas de doute possible, la scène ne lui plaît pas du tout.

— Oh, bonjour, madame Bergeoise.

— Bonjour…

Son ton est hésitant. Elle nous envisage avec contrariété. De toute évidence, Françoise Bergeoise meurt d'envie de m'interroger, mais comment s'y prendre ? Même avec son taux de bienveillance égal à zéro, il reste moralement délicat d'exprimer frontalement son mécontentement dès lors qu'il s'agit d'un bébé. Je la libère de ses questionnements.

— Je vous présente Léa. Sa maman et elle vont venir vivre à la maison…

En offrant ces informations, j'arbore un sourire jusqu'aux oreilles (alors que je n'aspire qu'à me mettre des gouttes pour soulager mon canal ORL) et mon ton est aussi sirupeux qu'une rasade de sirop d'érable sur des pancakes. Pour ce qui est des précisions en matière de durée, elles sont volontairement vagues. Viennent-elles habiter chez moi une semaine, un mois, un an… ? Tu n'en sauras pas plus, vieux clafoutis…

Sans pouvoir l'affirmer, il me semble tout de même que ma voisine chancelle un peu.

— Bon, on va nourrir le petit monstre. Passez une bonne journée, madame Bergeoise…

En continuant sa route, Gerbille ne peut s'empêcher de se retourner et nous jette quelques regards hasardeux. Elle est décontenancée. L'étape 2 a bel et bien commencé.

Une fois installée dans l'appartement, Maddy nourrit la mini-vedette tout en m'interrogeant :

— Tu sais que tu te lances dans une sacrée bataille là…

— Je sais… Mais je n'arrive pas à comprendre comment ces femmes peuvent être aussi abjectes. Certes, elles sont âgées, mais elles ne sont pas à plaindre… Elles sont propriétaires, elles ont des moyens financiers… Je n'exclus pas le fait qu'elles aient vécu des épreuves dans leur vie, mais ça ne justifie pas leur besoin de saboter celle des autres !

— C'est beau ce que tu dis…

— Rigole, mais en attendant, elles me hérissent le poil. Et puis je les tiens pour responsables de mes premières rides…

— Quoi ?

— À force de les côtoyer, j'ai le front tout plissé…

— N'importe quoi…

— Je t'assure ! Regarde là… lui fais-je en désignant le sillon entre mes deux yeux.

— Mais c'est un pli ça…

— Maddy, soyons réalistes ! Un pli qui ne se déplie pas, c'est une ride !

Mon amie s'esclaffe pendant que Léa dévore goulûment son biberon.

— Merci encore pour ton intervention…

— De rien. Si mon quotidien peut aider à rendre dingue celui des autres, je partage… enchaîne-t-elle sur le ton de la plaisanterie. Au fait, ouvre mon sac. Je t'ai amené tes enregistrements.

— Oh, fabuleux !

Dans ma quête de justice un peu folle, j'ai demandé à Maddy de m'enregistrer les pleurs de sa fille sur plusieurs jours. J'ai désormais en ma possession un récital de cris et de larmes en tout genre.

— Je te préviens, c'est tout sauf une playlist relaxante…

— Mais c'est celle dont j'ai besoin pour ma traque. Le tigre est en moi, fais-je convaincue.

À son rictus, je note que Maddy retient un rire.

— Qu'est-ce qu'il y a ? J'en fais trop ?

— Non… On sent bien toute ta détermination. Mais « le tigre est en moi »… quand même…

— Eh bah quoi ?

— Ma patate… C'est le slogan des céréales Frosties ! Et souviens-toi de la mascotte… On est plus proche de Tigrou que du dangereux prédateur…

Je prends un instant pour me figurer le dessin. En effet, dans le style, on a connu plus impressionnant, mais qu'importe l'apparence quand la détermination est présente.

27

Si vous pensez que faire justice est de tout repos, détrompez-vous. Je suis aussi épuisée que ma proie. Depuis des jours, je m'astreins à faire partager les pleurs de Léa à Françoise Gerbeoise au moyen de baffles disposés aux quatre coins de mon appartement. J'ai une préférence pour le matin, ainsi que durant sa sieste et évidemment la nuit. Pour plus de crédibilité, il m'arrive même d'envoyer les audio à distance quand je suis au travail. Pour préserver mon couple, j'ai proposé à Ewen de passer du temps avec sa sœur Gaëlle. Comprenez par là : aller vivre chez elle quelques jours. Proposition qu'il a immédiatement acceptée au bout de deux soirées de films et séries interrompus pour cause de crises de larmes à lancer.

Durant cette longue semaine, en matière de réactions, j'ai eu droit à quelques « chuts » à la volée et même un coup de balai au plafond. Mais ma voisine tente de se contenir.

Pourtant, quand ce matin je la croise (intentionnellement) au revenir des courses (les bras chargés de lait en poudre), je sens que la retraitée n'est plus très loin de craquer. Elle m'interpelle aussitôt.

— Je vois que vous avez fait du stock…

— Oui, j'ai dû faire un peu de ravitaillement…

Tu m'étonnes ! Même Maddy ne sait plus quoi faire de mes achats factices. Pour essayer de recycler le tout, j'en viens à chercher sur le Net des recettes de crêpes à base de lait en poudre…

— La petite se porte bien ?

— Comme un charme.

— On l'entend beaucoup pleurer…

— Eh oui, c'est ça les bébés…

Allez Ombrage, sors-la, ta crasse. Tu l'as au coin des lèvres.

— Vous les hébergez donc chez vous, c'est ça… ?

— Tout à fait…

— À titre provisoire, j'imagine. Attention à ce que ce ne soit pas de l'hébergement illégal…

À ces mots, Bergeoise a tenté le ton de la désinvolte plaisanterie. Charogne. Elle réfléchit donc bien à une faille légale pour nous déloger, moi et… mon enfant imaginaire. Mais désolée pour toi, le pruneau sec, j'ai passé plusieurs semaines à réfléchir à ce qui pourrait t'être le plus pénible sans que tu puisses le récuser.

— Ça ne risque pas. J'héberge ma famille… Oui, Léa est ma nièce.

Et hop ! Une paupière qui tressaille… Mais ne t'en fais pas, le rongeur. Bien que tout à ma cause, j'ai un cœur. Je ne vais pas te faire endurer ce supplice encore longtemps. D'abord parce qu'entre deux monologues où je me convaincs du bien-fondé de cette mise en scène, je culpabilise (on ne se refait pas totalement), et surtout parce que la suite arrive…

— Oh ! tiens, je ne savais pas que c'était votre nièce…

— Oui, je l'adore…

Bon, c'est ma filleule. Et en droit français, le marrainage n'a aucune valeur juridique. Mais d'ici à ce que ma voisine mène son enquête et découvre que je suis fille unique, j'ai le temps de mener mes opérations à terme.

— Bien…

— Bien…

Je n'ajoute rien, tout sourire. Pour Bergeoise, je mise sur un détour à la pharmacie pour se procurer une crème buccale cicatrisante tant elle semble se mordre l'intérieur des joues.

Cette fois, je n'aurai pas droit à une phrase de politesse. Elle me quitte sans un mot. J'attends qu'elle franchisse la porte du hall d'entrée pour passer mon coup de téléphone et enclencher la suite de mon plan.

— Allô Simone ? Bonjour, c'est Camille. Dites-moi, ça vous dirait de venir faire un petit tour sur Paris ?

28

— Une autre tasse de thé ou un gâteau vous ferait-il plaisir ? demande Gaëlle.

— Oh ! je n'abuserai pas davantage. Mais la gourmande que je suis s'est régalée. D'ailleurs si vous avez quelques pots de confiture, je vous en prendrais bien volontiers… répond Simone.

— Je vous mets tout ça de côté…

Nous sommes au fond du salon de thé, au plus loin de la vitre. Pourtant j'angoisse que Françoise Bergeoise ne passe devant ou, pire, qu'elle ou l'une de ses copines ne fasse irruption et me croise en présence de Simone. Je ne me suis pas donné autant de mal pour que tout capote. J'attends l'arrivée de Nicolas, fébrile. Quand il entre enfin, je peine à reconnaître le compagnon de ma meilleure amie. Il est habillé d'un costume sobre, d'un attaché-case, il s'est gominé les cheveux et a fait disparaître son éternelle barbe de trois jours. Sans ses tee-shirts colorés et sa coupe de cheveux d'étudiant des Beaux-Arts, il est méconnaissable.

— Alors, je suis crédible en agent immobilier ? interroge Nicolas tout excité.

— Écoute, c'en est perturbant, lui réponds-je. Je ne t'ai jamais vu aussi… classe.

— Il faut reconnaître que je ne l'ai pas mis souvent, ce costume… Mais c'est arrivé que certaines femmes commandent un trader sexy pour leur enterrement de vie de jeune fille, conclut-il d'un clin d'œil.

— Eh bien ! cette fois, tu n'auras pas à terminer ta prestation en caleçon à paillettes, mais je compte malgré tout sur tes talents d'artiste pour faire illusion. Allez, à ton tour de passer entre mes mains…

Et c'est là que les Athéniens s'atteignirent… Je suis au sommet de ma déraison. Je suis l'illustration parfaite du paradoxe et j'en prends pleinement conscience à cet instant.

Je ne traverse jamais au feu rouge mais suis capable de me planquer dans une cave en mode espionnage, je préconise une cérémonie de mariage élégante mais refuse moi-même d'y passer, je m'applique à être méthodique et bonne élève au travail mais je fonds en larmes devant un pot de confiture qui me résiste, à chaque appel passé je prie pour tomber sur la messagerie des gens mais je viens d'équiper mes proches de caméras discrètes pour récolter la preuve de la perfidie de ma voisine du dessous.

Oui ! Voilà ! Je me suis transformée en détective privée. De ceux qui traquent les fraudeurs à l'assurance ou les époux infidèles, sauf que moi je me suis spécialisée dans la petite vieille vilaine. La faute à un reportage vu à la télé dans lequel un agent était missionné pour prouver la fraude d'un accidenté et lui refuser son indemnité d'invalidité. J'ai d'abord bondi et pesté contre cet employeur sans cœur, si près de ses sous. Comment envisager de retirer cette compensation à un pauvre homme, forcé de vivre en fauteuil roulant ? Puis j'ai vu ce même homme aller faire ses courses sur ses deux jambes et même renvoyer la balle à un petit garçon d'un coup de pied gracile et assuré. Croyez-moi, je ne suis pas contre l'idée que la médecine n'a pas encore tout découvert, mais voir des jambes inanimées le matin et prêtes pour un semi-marathon l'après-midi est hautement déroutant. J'ai donc estimé que si ce genre de pratiques étaient acceptables pour aider à rendre justice, en tant que professionnelle de l'audiovisuel j'étais en mesure d'en faire autant. Quand j'ai demandé à Nicolas de se prêter au jeu, c'est exactement ce qu'il a fait. L'idée de jouer un personnage l'a très vite enthousiasmé. L'avantage d'avoir pour amis des personnes qui portent des pulls Bob l'éponge, c'est qu'ils sont souvent prêts à relever des défis… Pour Simone, elle m'en devait bien une… Pourtant, elle ne semble pas le considérer comme un service rendu. « Une nouvelle aventure à vivre ? J'en suis… », m'a-t-elle rétorqué. Je suis donc allée la chercher ce matin à la maison de retraite et j'ai profité de l'heure du déjeuner pour lui faire un brief exhaustif. Maintenant que l'équipe est au complet, je finis mes derniers réglages.

— Bien… Allez-y, bougez un peu… Parlez maintenant…

Avec ce test, je vérifie que l'enregistrement est suffisamment correct et audible.

— Super ! Vous vous souvenez du scénario, n'est-ce pas ? Simone, vous êtes une riche retraitée. Vous souhaitez acheter un pied-à-terre à Paris pour vous ainsi que pour votre fille et son mari médecin.

— Mon beau-fils peut-il être chirurgien plutôt ? Ça donne encore plus de prestige, je trouve…

— Bon, si vous voulez, Simone… Mais ne vous trompez pas en cours de route. Et ne le faites pas devenir pédiatre ! Surtout pas ! Avec son aversion pour les enfants, Bergeoise pourrait vous envoyer visiter un appartement à l'opposé de la ville. Bon, concernant les biens à vendre, j'ai vérifié, il y a bien un petit deux-pièces dans l'immeuble et l'appartement qui vous reviendrait est au même étage que celui de notre retraitée. Bien sûr, avant de vous décider, il faut que vous vous assuriez du voisinage et de l'environnement. Et qui mieux que la présidente du syndic pour vous aiguiller ? Nicolas, tu as ton texte également, il faut que tu réussisses à dépeindre le profil des autres acheteurs en lice… Ils sont tout ce que Françoise redoute. Pour qu'elle ait envie de convaincre Simone d'acheter, il faudra qu'elle comprenne quel genre de voisins elle risque de côtoyer. Donc, on n'hésite pas sur les bourdes…

— Oui, j'ai travaillé mon rôle d'agent immobilier gaffeur…

— Super ! Si elle te sent un peu idiot, elle n'hésitera pas à prendre le pouvoir. Et pour terminer, Simone, vous devez devenir la meilleure amie de Françoise en moins de quelques minutes… Mais avec votre capacité à entourlouper votre monde, j'ai confiance…

— Soyez tranquille… Vous avez deux artistes prêts à entrer en scène. Dites voir, jeune homme, Camille m'a dit que vous aviez un passé de danseur. Savez-vous que moi aussi ? Racontez-moi un peu votre parcours…

J'entends Nicolas lui répondre, mais je suis déjà dans mes pensées, aux prises avec mes doutes et un dilemme moral. L'adage ne dit-il pas : « Nul ne peut se faire justice lui-même » ? Mais qu'en est-il du « juste » quand un groupe de personnes décide de prendre le pouvoir et s'en sert avec une autorité abusive ? Faut-il prêter allégeance à Bergeoise ou être bannis ?! Et moi, qui suis-je au fond pour prétendre contrebalancer son pouvoir ? Je ne cherche d'ailleurs pas à en avoir ! Il s'agit juste de vivre dans un immeuble sereinement !

Quand je relève la tête, c'est le doux visage d'Ewen qui me sort de mes crispations mentales.

— Tu veux que je te prépare un jus de fruits frais ?

— Non, je suis nouée…

Mon petit ami m'observe, puis calme mes angoisses.

— Tu sais que tu n'es forcée à rien. Jusqu'à la dernière minute, tu peux renoncer…

— Jusqu'à la dernière minute, je peux renoncer…

Je me répète silencieusement cette phrase. Bien souvent, la simple idée de savoir qu'on peut rebrousser chemin ou avoir recours à une alternative offre un soulagement. Le soulagement nécessaire pour poursuivre… « Dressez-vous sans relâche jusqu'à ce que les moutons deviennent des lions », disait Robin des Bois. Ma culture cinématographique refait surface et me rappelle à ma stratégie. Je me tourne et m'adresse à mes deux envoyés spéciaux.

— Bon… c'est bientôt l'heure. Je pars en avance et je vous envoie un message pour que vous démarriez.

— Entendu, capitaine, on attend le signal, me répond Nicolas, amusé.

Je leur souris, embrasse Ewen d'un baiser qui le remercie de me soutenir autant et quitte le salon de thé. Une fois dehors, un rayon de soleil inonde mon visage. Je plisse les yeux. Il n'en faut pas plus à la Fantômette qui sommeille en moi pour se réveiller. Super-Camille est en action. À nous deux, Françoise Bergeoise ! Allons goûter le fiel de ton venin.

29

Je me hâte de regagner mon appartement. Rapidement, je me poste au balcon et écoute les allers et venues de ma voisine du dessous. Cela fait trois jours que je n'ai plus envoyé les sonores de Léa en pleurs. Et en cette belle journée du mois de mai, ma voisine a ouvert sa fenêtre, ce qui me facilite grandement la tâche. Des bruits de couverts et un robinet qui coule. Parfait. Françoise Bergeoise est en train de faire sa vaisselle. Dans moins d'une heure, elle entamera sa sieste puis quittera son domicile aux alentours de 16 heures pour faire sa balade. C'est maintenant qu'il faut agir. J'envoie un SMS à Nicolas pour lui donner le top départ.

Une fois dans l'immeuble, grâce à un stylo caméra installé dans la poche de sa veste et relié en Wi-Fi à mon smartphone, je peux voir leurs déplacements. La technologie est effrayante ! Pour plus de sécurité, j'ai également placé un micro-espion sur Simone. Assise à ma table à manger, mon écran de téléphone sous les yeux, je suis toute la procédure. Le scénario a été répété en amont avec Nicolas. Pour rester crédible face à la vigie qui a les yeux partout, impossible de lui faire croire qu'une visite vient d'avoir lieu sur son palier. Il doit s'agir d'une contre-visite qui tourne mal.

On y est ! Nicolas et Simone sont au premier. Ils sortent de l'ascenseur. C'est le moment pour eux d'entamer le texte prévu. Je transpire. On parle toujours du trac des comédiens mais jamais de celui du metteur en scène. Dorénavant je leur apporterai tout mon soutien les soirs de première.

À voix haute, Nicolas se lance :

— Je suis ravie, madame Bayeul. Je suis certain que cet appartement est fait pour vous…

— Peut-être, oui…

— J'en suis persuadée.

— J'ai besoin de revoir la chambre, dans mon souvenir elle était un peu petite…

Tiens, Simone s'est dotée d'un phrasé bon chic bon genre à la limite de la caricature. Espérons que cela passe auprès de Gerbille… Mes deux acolytes se dirigent jusqu'à la porte de l'appartement à vendre et entament la suite.

— Et nous sommes là pour vérifier cela tout de suite… Alors, où est cette clé… Ce n'est pas elle… Pas elle non plus…

Bien, Nicolas doit simuler l'oubli des clés de l'appartement, entraînant un mécontentement suffisamment sonore pour attirer Bergeoise jusqu'au judas de sa porte.

En bonne mêle-tout, elle devrait finir par ouvrir et venir à la pêche aux informations.

— Ne me dites pas que je me suis déplacée pour rien..., accable Simone.

— Écoutez, je ne comprends pas, je ne la trouve pas. J'étais pourtant certain de l'avoir prise avec moi...

Nicolas joue l'empoté désemparé à la perfection. Simone, de son côté, excelle dans son personnage de grande dame agacée.

— Alors on fait comment ? J'imagine que le concierge n'a pas de double ? Et puis à quelle heure reprend-il ? Vous savez ça ?

Oui, nous le savons ! Il n'a pas de double. Je m'en suis assurée. Et il reprend dans une heure, de quoi éviter d'être tenté de lui poser la question.

— Si nous n'avons pas moyen d'entrer dans cet appartement, inutile de rester dans ce cas...

Simone amorce un départ. Nicolas la rattrape.

— Attendez ! Je vais encore regarder dans mon attaché-case...

Mon faux agent immobilier s'agenouille au sol, face à la porte de Bergeoise. Il ouvre sa mallette et se met à fouiller nerveusement. Face à lui, Simone mime l'impatience.

— Tout ceci est ridicule ! Il me semblait que j'avais fait appel à un professionnel mais, de toute évidence, je me suis trompée...

Le compagnon de Maddy s'agite, force sur les onomatopées, soulève les documents, les remet en place bruyamment. Il ne lésine pas sur le raffut. Mais rien ! Toujours pas de Bergeoise à l'horizon. Leur carte joker est de sonner chez elle si rien ne se passe mais seulement en dernier recours. La supercherie risquerait d'être démasquée.

— Tout ceci est fâcheux…

— En effet…

— Vraiment, c'est incompréhensible, j'avais ce trousseau encore ce matin…

— Nous ne sommes pas avancés pour autant…

Ah ! leur inspiration se tarit, ça se sent. La caméra du stylo espion me permet de voir Simone. Elle fixe la poche de veste de Nicolas et je comprends à son expression qu'elle m'interroge sur la suite des opérations. Je suis bien ennuyée. Je n'ai pas équipé mes troupes d'oreillettes, je ne peux donc pas leur délivrer de consignes en temps réel. De plus, je pensais vraiment que créer l'agitation dans le couloir ferait sortir le rat de son trou. J'en viens à vouloir tout annuler. « Jusqu'à la dernière minute, je peux renoncer. » Je n'ai qu'à écrire un SMS à Nicolas pour leur dire de revenir sur leurs pas. Voilà, je vais faire ça. Toute cette histoire est ridicule. Je m'apprête à envoyer un « stop » mais un bruit de clés m'arrête. Avec la mine de celle qui en est territoire conquis, Françoise Bergeoise apparaît.

— Je peux vous aider ?

Arfff… Le ton de sa voix a tout de celui d'une sorcière qui s'apprête à proposer une pomme empoisonnée à une victime affamée.

— Oh ! bonjour madame… Pardonnez-nous pour le dérangement. Enchantée, je suis madame Bayeul.

Aussitôt, Simone lui tend la main avec un naturel assuré.

— Je venais faire une contre-visite pour l'appartement juste à côté, et malheureusement, l'agent qui n'a pourtant qu'une seule chose à faire, ouvrir la porte, n'a pas pensé à prendre les clés ! Un comble tout de même !

— Je suis vraiment confus… Je les ai sûrement égarées au cours de ma précédente visite, surenchérit mollement Nicolas.

— Voilà comment les jeunes travaillent de nos jours ! Ils ne font plus attention à rien…

Bien joué Simone ! Gerbille a acquiescé tout en levant les yeux au ciel.

— Bon, j'ai un train à prendre dans quelques heures. Je reviendrai la semaine prochaine…

— Vous n'êtes pas d'ici ? l'interroge Françoise.

— Non, nous sommes de la côte bretonne. Je suis venue car je recherche un pied-à-terre pour moi ainsi que pour ma fille et son mari. Il est chirurgien, il vient souvent à Paris pour des séminaires.

— Hmmm…

Aïe ! Le coup du chirurgien n'a pas eu d'impact sur ma voisine. Je pensais qu'elle serait sensible au côté bourgeois du statut. OK les amis, il faut rebondir. Vite !

— Alors, excusez-moi, madame Bayeul, mais je ne sais pas si d'ici la semaine prochaine les appartements seront toujours à la vente, reprend timidement Nicolas.

— Vous voulez me faire croire qu'il y a déjà des propositions, peut-être ? rétorque Simone avec la juste dose de dédain nécessaire.

— Des propositions fermes, pas encore, bien sûr, mais…

Nicolas se met à chercher un dossier dans sa mallette puis se met à en lire le contenu.

— Le deux-pièces que vous envisagez pour votre fille et son mari a beaucoup plu à une dame. Une grande saxophoniste, si ma mémoire est bonne…

— Saxophoniste ?! Grand Dieu… Je n'aimerais pas être sa voisine les jours où elle se mettra à répéter, enchaîne Simone pleine de désinvolture.

— Et concernant l'appartement qui est ici, un couple est déjà très intéressé. Le monsieur et son époux sont d'ailleurs en train de voir les formalités avec leur banque…

— Un monsieur et son époux ?

Bingo ! Gerbille a réagi. J'ai presque cru qu'elle allait s'étouffer.

— Oui, un couple charmant, ils sont dentistes tous les deux et ont une petite fille de deux ans…

— Deux hommes et un enfant ?! On aura tout vu, surenchérit Simone… Dans ce cas, si l'appartement me passe sous le nez, c'est qu'il n'était pas pour moi, n'est-ce pas ?

Simone s'adresse à Françoise Bergeoise. Je déglutis. Va-t-elle saisir l'occasion ?

— Vous savez, tous les appartements sur ce palier ont la même configuration. Je le sais, je suis la présidente du syndic de copropriété.

— Oh ! vraiment ? Quelle chance nous avons de vous rencontrer…

Ma voisine sourit fièrement.

— Je connais cet immeuble par cœur… Si vous souhaitez voir la disposition de ma chambre pour vous faire de nouveau une idée, je peux vous montrer…

Simone et Nicolas buggent autant que moi. Aucun des deux n'a évoqué devant Bergeoise le besoin de revoir la chambre. Elle avait donc bien son oreille collée à la porte depuis le début ! Que personne ne lui fasse remarquer son acte manqué !

— Ce serait bien aimable à vous, merci…

Bien joué Simone. Sa vivacité d'esprit me fascinera toujours autant. Mes acolytes entrent dans la tanière de la bête. Ma comédienne improvisée la complimente sur son intérieur et inspecte l'architecture de la chambre. De mon côté, je commence à être en nage. Plus le temps passe, plus je redoute un problème technique. Il faut que Simone réussisse à extorquer rapidement les aveux que nous sommes venus chercher.

— La disposition des pièces est idéale. Mais dites, est-ce que l'immeuble est calme ? Je ne vous cache pas qu'à mon âge, il s'agit d'une priorité… C'est absolument essentiel pour moi.

— Oh bien sûr qu'il l'est ! Je m'y efforce…

— Ah oui ?

— En plus du règlement intérieur, j'ai rédigé une charte de bon voisinage que je remets à chaque nouvel arrivant. Toute personne qui s'installe ici est tenue de respecter les règles… C'est pour le bien collectif.

Ah ! mais quelle vermine. Derrière son discours charitable, elle omet d'évoquer ses méthodes abjectes. Ces confidences de façade ne me serviront pas. Les résidents qui la redoutent ne trouveront rien à redire.

— C'est une très bonne initiative. Malgré tout, avez-vous déjà eu des problèmes avec certains habitants ?

Françoise Bergeoise marque un temps. Grâce à Nicolas qui se tient devant les deux anciennes, j'arrive à repérer l'hésitation dans le regard de notre dictatrice. C'est maintenant que tout se joue. Soit elle minimise son pouvoir et balaie sa réponse, soit elle profite au contraire de ce moment pour se repaître de sa suprématie. Elle jette un coup d'œil suspicieux à Nicolas. Ouf ! Il s'en aperçoit aussi…

— Excusez-moi, c'est une reproduction de la tapisserie de Bayeux que je vois dans votre couloir ? demande mon ami.

— Oui, en effet…

— Permettez que j'y jette un œil ?

— Je vous en prie.

Alors là, je suis épatée ! Mon presque beau-frère est capable d'enchaîner une chorégraphie, remettre en place une clavicule et détient même un savoir en broderie historique… Maddy ne pouvait pas aimer un autre homme, c'est une évidence. Il s'écarte ainsi des deux femmes, laissant les deux septuagénaires en tête à tête. À l'image, je n'ai désormais plus que l'histoire de la conquête de Guillaume le conquérant. Je ne capte l'audio en temps réel que grâce à la caméra installée dans le stylo de Nicolas. Maintenant qu'il est en retrait, le son est moins précis et Gerbille parle à voix basse. Néanmoins, malgré les quelques mètres qui les séparent, j'arrive à percevoir leurs échanges.

— Vous savez, il y a toujours des gens qui se croient au-dessus des règles… Mais je me fais fort d'y remédier. Nous avons fait interdire l'accès à la pelouse de la cour intérieure. Certains parents laissaient leurs gamins y jouer. Un jardin intérieur n'est pas un square. Nous veillons également à ce qu'il n'y ait pas de fêtes prolongées. Que les jeunes aillent faire ça dehors, les bars sont faits pour ça. Je n'hésite jamais à les signaler à la police. Et quand ce n'est pas suffisant, je fais remplir des attestations de témoignage aux locataires.

— Ils acceptent tous ?…

— Madame, je dirige la vie de cet immeuble comme je dirigeais ma société. Ceux qui ne sont pas avec moi sont contre moi ! Et je chasse les nuisibles… Nous avons déjà fait expulser des colocataires bruyants… Et il y a quelques années, une famille africaine s'est installée ; peu après leur arrivée, nous avons eu des rats dans les parties communes… Je ne vous fais pas un dessin, vous connaissez ces gens-là… Nous avons eu beaucoup de mal à prouver qu'ils venaient de chez eux, alors nous avons utilisé d'autres moyens…

— D'autres moyens, vous m'intriguez… Lesquels ?

— Écoutez… Des preuves, ça se crée, si vous voyez ce que je veux dire… On a fait ce qu'on avait à faire… Le père de famille a d'ailleurs été très agressif envers moi… En plus d'être sales, ils sont violents. Mais cela a bien arrangé nos affaires… J'ai pu porter plainte contre lui. Ils ont fini par déménager. Je trouve toujours une solution… Nous sommes quelques membres du syndicat à nous réunir et à œuvrer dans ce sens. Je pense que vous et moi partageons la même vision des choses. Nous pourrions nous entendre. En emménageant ici, vous m'épargneriez par la même occasion la cohabitation avec des hommes qui achètent leur enfant… Parce que c'est ça, n'est-ce pas ? Ils achètent tout bonnement leurs enfants… Quelle honte ! Ce monde ne tourne plus rond.

Je reprends mes esprits à cause de ma gorge qui me gratte. Il faut dire que je suis restée bouche bée si longtemps que tout mon intérieur buccal s'est asséché. Le temps d'avaler une gorgée d'eau, Simone et Nicolas prennent (enfin) congé de la présidente du syndic. Je suis aussi assommée que révoltée. Je savais ma voisine odieuse, je la découvre haïssable. Mais tiens-toi prête, Françoise… Tu penses être une chasseuse de nuisibles, mais les traqueurs comme toi oublient qu'ils peuvent aussi être traqués. Et là, tu viens de m'offrir bien plus d'armes que j'en espérais…

30

ÉTAPE 3 : UNE ATTAQUE FULGURANTE

Le tigre surprend sa proie en bondissant toutes griffes dehors.

Je tourne en rond depuis une heure. Je transpire des mains et j'essuie pour la quinzième fois une goutte de sueur qui décide de revenir inlassablement siéger au creux de mon philtrum. En société, j'aime placer ce mot savant et préciser (avec une fausse humilité) qu'il s'agit tout bêtement de l'arc de Cupidon. Quand il arrive qu'une personne fronce encore les sourcils d'incompréhension, je conclus par un « c'est la fossette entre le nez et la bouche », qui finit de nourrir mon autosatisfaction. Les petites arrogances de l'ego sont partout. Toutefois, actuellement, je ne suis pas saisie par l'orgueil mais littéralement par l'angoisse. Car le grand jour est arrivé. L'heure du glas. Le moment venu. L'instant T. Aujourd'hui, je me confronte à Françoise Gerboise. Je devrais d'ailleurs déjà y être. Ma voisine est bien rentrée de sa balade journalière, mais je repousse la décision de sortir de chez moi. Je trouve une multitude de petites choses à faire pour m'éviter le grand départ. J'ai replié plusieurs fois les torchons, ouvert et refermé le frigo machinalement, replacé quelques bibelots, et le robinet de ma salle de bains est fatigué d'être lustré. Après une énième inspiration à pleins poumons, je jette un coup d'œil à la galerie photos de mon téléphone. Tout est bien là. Il n'y a plus qu'à… Mon regard se pose sur mes écouteurs. Je m'en saisis et les porte à mes oreilles. D'un mouvement du pouce rapide, je bascule sur la bibliothèque musicale de mon appareil et lance le son qui me donnera du courage. Les premières notes se font entendre et l'énergie monte en moi. *Eye of the Tiger,* voilà ce qu'il me faut. Le tigre va attaquer…

Je relève la tête et me dirige dignement vers la porte d'entrée.

Risin' up, back on the street,
Lutte corps à corps, de retour dans la rue,
Did my time, took my chances,
J'ai fait mon temps, j'ai tenté ma chance.
Went the distance, now I'm back on my feet.
J'ai tenu la distance, maintenant je suis à nouveau [sur pieds.
Just a man and his will to survive.
Juste un homme et sa volonté de survivre.

Tu m'étonnes que Rocky était galvanisé ! Cette musique donne la sensation de soulever des montagnes. D'ailleurs, c'est presque le cas. Au lieu de l'ascenseur, je prends les escaliers. Ce n'est pas l'Himalaya, mais pour moi c'est déjà une sacrée performance. Pendant que je descends les marches, je suis une machine de guerre, une force vive de la nature. Bien sûr, pour m'en convaincre, il faut que je passe outre le ridicule de la situation. Je n'ai qu'un étage à parcourir et aucun combat de boxe n'attend ma petite personne. Malgré tout, un affrontement va avoir lieu et la force de Balboa n'est pas de trop pour me donner le courage de poursuivre. Arrivée à l'étage de Gerbille, je me dirige jusqu'à sa porte, déterminée. De leurs paroles, les Survivor continuent de me guider :

It's the eye of the tiger, it's the thrill of the fight.
C'est l'œil du tigre, c'est le frisson du combat.
Risin' up to the challenge of our rival.
Relevant le défi de notre rival.
And the last known survivor stalks his prey in the night.
Et le dernier survivant connu traque sa proie dans la nuit.
And he's watchin' us all in the eye of the tiger.
Et il nous regarde tous avec l'œil du tigre.

Je sonne en même temps que je coupe la musique. Bigre ! Dans le silence, je suis instantanément rattrapée par la nervosité. Pourquoi ne peut-on pas vivre toute notre vie portés par les chansons adéquates ?

Heureusement, Gerbille ne tarde pas à ouvrir. Je plonge dans le vide, tête la première.

— Vous ?

— Bonjour, madame Bergeoise. Je viens vous voir parce que nous avons un sérieux problème avec un des résidents de l'immeuble.

— Tiens donc ? De qui parlez-vous ?

— D'une personne très problématique. Je dois d'ailleurs vous montrer quelque chose. Permettez que j'entre ?

Je n'attends pas sa réponse. Un refus de sa part et je peux repartir en courant. Je connais les lieux. J'avance jusqu'au salon et m'assieds sur son canapé. Gerboise me fusille du regard. Pour autant, elle ne fait aucune remarque. La perspective de découvrir une nouvelle personne à persécuter est sans doute plus alléchante que me faire une remontrance sur mon intrusion impolie.

— Alors ? Qui pose tant de souci ?

— Une femme…

— Oh, à quoi ressemble-t-elle ? Je connais tout le monde ici…

— Venez voir…

Je sors mon téléphone de ma poche et appuie sur la vidéo qui se lance. Je tends mon écran vers Françoise Bergeoise et lui offre la preuve en image de sa bassesse. Elle est saisie. Elle semble s'être arrêtée de respirer et une foule de micro-expressions traversent son visage.

Après un long moment de non-réaction, ma voisine reprend le dessus.

— Qu'est-ce que ça veut dire ?!

— Que nous avons une homophobe raciste parmi les habitants de l'immeuble. Ainsi que son aveu d'avoir poussé une famille à déménager en créant de fausses preuves. Ce n'est pas bien légal tout ça, n'est-ce pas ?

— Mais que croyez-vous donc ? Vous pensez me faire peur ?

— Moi, peut-être pas... Mais que diraient les associations si je leur faisais part de vos propos et de vos méthodes ? Sans parler des réseaux sociaux et de la presse ? Vous savez, de nos jours, le monde va mal... On cherche à faire le buzz, on s'empare de ce genre d'histoires rapidement : « Une présidente de copropriété abuse de son pouvoir et expulse des gens à tour de bras. »

Le regard mauvais, Françoise ne répond rien. Je poursuis.

— Mais, bien sûr, avant d'informer les médias, il me semble judicieux de mettre au courant les habitants. Je me disais que la fête des voisins serait le moment idéal pour cela. Vous souvenez-vous que je travaille dans l'audiovisuel ? Le son et l'image, ça me connaît quoi... Une petite projection du film entre deux verres de sangria risquerait de ternir votre image, non ?

— Ici, les gens me connaissent et ils sont avec moi.

— Oui, pour certains, peut-être... Mais qu'en est-il des autres ? Ceux qui n'espèrent qu'une chose, qu'on allume enfin une petite mèche pour lancer un brasier. Vous le savez aussi bien que moi, vous n'avez pas que des amis ici… Imaginez tous ces hypocrites qui vous passent de la pommade depuis toujours… Vous pensez sincèrement qu'ils vous resteront fidèles s'ils peuvent se libérer de votre autorité ? Allons, vous connaissez le côté versatile de la nature humaine sans doute mieux que moi. Et je ne parle même pas de ceux qui rongent leur frein pour ne pas attirer vos foudres. Quelle libération ce serait pour eux de pouvoir enfin vous accabler… ! L'étudiante qui fume, la voisine qui arrose trop ses plantes, le gardien qui sort mal ses poubelles… moi… Qui vous aime suffisamment pour se tenir à vos côtés envers et contre tout ?

J'ai le regard franc et la voix calme. En apparence. Intérieurement, je n'en reviens pas de ce que je dis. Moi qui vis tant d'histoires dans ma tête, je suis réellement en train de jouer une scène de film dans le réel. Je sonde mon âme pour vérifier que je suis en accord avec la situation. Pas de sentiment coupable à l'horizon. Je peux poursuivre. Gerbille, de son côté, va imploser. Je jette un coup d'œil furtif autour d'elle. Je repère tout ce qui pourrait faire office d'arme possiblement utilisable par ma voisine. Pas de fourchette, pas de vase à proximité. Juste un gros pot de fleurs difficile à soulever. Mais méfiance malgré tout. La rage peut décupler la force physique et ma retraitée semble avoir atteint son paroxysme.

— Qu'est-ce que vous voulez ?!

— Rien de bien fou… Que vous foutiez la paix aux gens. Complètement ! Que vous supprimiez votre charte de bon voisinage. Et que vous démissionniez de vos fonctions de présidente du syndic…

— Comment osez-vous ?!

Rectification. Je pensais que Gerboise était au sommet de sa haine, mais elle en avait encore sous le pied.

— Vous pourrez profiter du rassemblement des habitants durant la fête des voisins pour faire votre annonce. Réfléchissez… Que préférez-vous ? Vous retirer dignement sous les applaudissements et les remerciements des locataires pour tout le travail accompli, ou vous faire humilier publiquement, vivre le restant de vos jours avec une étiquette de raciste et d'homophobe sur le dos ? Sans parler des manifestants qui ne manqueront pas de se faire entendre en bas de l'immeuble en scandant votre nom. Croyez-moi, j'ai de la ressource.

Je bluffe ! Clairement, je m'emballe. J'en suis déjà à me demander comment embaucher quelques figurants et à combien cela me reviendrait.

— Vous n'êtes qu'une sale petite vermine !

— Vous me ferez part de votre décision le jour de la fête des voisins… C'est dans deux jours… Je vous souhaite une bien belle journée, madame Bergeoise…

Je me lève avec l'aplomb d'une actrice de film d'action. J'aurais dû éviter. J'ai les jambes qui tremblent. Vite, fuyons.

Malgré mon corps en coton, je n'ai pas voulu prendre le risque d'attendre l'ascenseur et voir Bergeoise débouler dans le couloir, une tronçonneuse à la main. Pour rentrer chez moi, j'ai donc pris les escaliers que je monte… à quatre pattes. Pourvu que je ne croise personne… C'est que c'est physique de rendre justice.

31

ÉTAPE 4 : UN FESTIN DE ROI

Le tigre tire sa proie vers un fourré et s'en délecte.

— Et donc vous êtes côté rue, vous, c'est ça ?

— Oui, mais la chambre est traversante et donne aussi sur jardin…

— Ah d'accord…

Dans la cour intérieure de l'immeuble, au milieu des autres voisins, j'échange des banalités polies tout en sirotant un verre. Je me suis tout de même assurée que le jus d'orange qu'on vient de me servir provenait bien d'une bouteille hermétiquement fermée. Depuis deux nuits, je cauchemarde sur de possibles représailles bergeoisesques… et l'empoisonnement en fait partie. Pour l'instant, elle ne s'est toujours pas montrée. Et j'ai peur que la vipère reste tapie dans son terrier. N'oublions pas que je n'ai de combatifs que les élans. J'agis principalement par impulsivité. En réaction. Si ma voisine fait l'autruche, je risque moi aussi de mettre la tête dans le sable avant de poser mon préavis !

Un regard sur le côté m'indique que Kreattur et Rusard sont arrivées. Elles semblent en attente et lèvent la tête en direction du balcon de Françoise. Leur chef de clan n'est toujours pas là. Je me dirige vers elles.

— Bonsoir, savez-vous si madame Bergeoise va bien ?

— Pourquoi cette question ? me répond hostilement la retraitée au menton en forme de babouche.

— Je m'étonne de ne pas la voir et, tout à l'heure, j'ai cru entendre un bruit sourd en provenance de chez elle. Il faudrait peut-être aller vérifier… Qui sait si elle n'a pas fait une mauvaise chute…

— Vous êtes sa voisine du dessus, c'est ça ?

J'acquiesce, empreinte de toute la commisération possible. Kreattur m'envisage durement puis fait volte-face.

— Je vais sonner chez elle…

La dernière des harpies reste à mes côtés quelques instants avant de prendre conscience de notre proximité. Cette troisième comparse est clairement la plus peureuse. Elle se recule autant que si je m'étais fait tatouer « contagieuse » sur le front.

Je guette et jette des coups d'œil au balcon de Bergeoise. Après quelques minutes, sa tête anxieuse apparaît. Elle croise mon regard et opère un mouvement de recul, vif. Elle s'apprête à rentrer chez elle. Peut-être s'enfermer à double tour. Il faut que je réagisse. Alors je me lance. J'agis :

— Youhou, madame Bergeoise ! Venez… On vous attend !

Aussitôt quelques voisins lèvent le nez et l'interpellent afin qu'elle les rejoigne à la fête. En reine mère, elle fait bonne figure et offre un signe de la main à ses sujets. Quelques instants plus tard, là voilà en compagnie de Kreattur qui la talonne, le souffle haletant. Certains habitants la saluent chaleureusement (sans doute ceux qui prévoient quelques travaux) et beaucoup n'offrent qu'un hochement de tête poli. Elle se sert un verre et amorce une discussion avec un petit groupe d'habitants. Je m'impatiente. Ou plutôt j'arrive aux bouts de mes inclinaisons justicières… Tous mes doutes et ma culpabilité me sautent à la gorge. Pour qui te prends-tu, Camille ? Aussi abominable soit-elle, tu fais chanter une vieille dame. Est-ce que tu réalises ?

Oui ! J'en prends conscience précisément au moment où Bergeoise se racle la gorge et demande aux résidents toute leur attention. Tout à coup, une enclume me tombe sur la tête. Et si elle annonçait publiquement que, dans cette assemblée, une personne la harcèle ? Une tarée qui a cherché à lui nuire en créant de faux montages… Elle me montrerait du doigt, les yeux embués, simulant peut-être un malaise cardiaque. Encore une fois, je ne suis qu'une bluffeuse… Je n'aurais probablement pas la force de diffuser quoi que ce soit à mon auditoire pour les convaincre…

Françoise prend enfin la parole et je ne suis plus qu'un raisin sec en entendant les premiers mots qui sortent de sa bouche.

— Bonsoir à tous... Je profite de votre présence pour...

* * *

— « Bla bla bla... mais également pour vous annoncer que je prends ma retraite... J'ai décidé que c'était une bonne idée d'offrir à quelqu'un d'autre ce rôle si cher à mon cœur... L'opportunité d'apporter à cet immeuble et à ses résidents une nouvelle dynamique... Bla bla... »

— Donc ta voisine a vraiment cédé ? me demande Maddy.

Mon « équipe » fête la réussite de l'opération Power Tiger attablée au salon de thé pendant que je fais mon compte rendu à mon amie qui berce Léa dans son landau. Et, croyez-moi, je réalise difficilement ce que je lui raconte.

— Oui... Bon, elle en a rajouté des caisses... J'ai assisté à la scène du grand manitou de la bienfaisance qui fait ses adieux. Elle a même joué la carte de l'émotion avant de se retirer comme une diva. Mais elle a respecté toutes mes demandes. Si tu avais vu la tête de ses deux acolytes, elles étaient toutes désorientées mais presque comme libérées d'un poids...

— Camille, tu m'épates... Je croyais que, de nous deux, la plus atypique c'était moi, mais plus le temps passe, plus je suis convaincue que je fais pâle figure à côté de toi…

— S'il te plaît, ne m'encourage pas davantage… Avec cette histoire, je me suis fait mes premiers cheveux blancs et je vais avoir besoin de ton homme pour une séance d'ostéopathie d'urgence… J'ai le corps rouillé !

Un silence pensif s'installe en moi. Je réalise à peine ce que je viens de vivre que déjà une nouvelle question vient mobiliser mon esprit.

— Et en parlant d'homme, tu as réfléchi à ce que tu voulais faire ?

Tout en m'interrogeant, Maddy jette un œil à Ewen qui rit en imaginant l'interprétation de Nicolas en agent immobilier empoté.

Je ne sais toujours pas ce qui pourrait convenir à cette « drôle » de célébration… En observant mon amoureux aux côtés de ma petite mamie et de Nicolas, mon cœur se remplit d'une vague d'amour, puisée probablement à la source de la reconnaissance. Je suis chanceuse d'être si bien entourée. Et c'est sur un éclat de rire de Simone que l'évidence m'apparaît.

— Je veux une cérémonie à la mer… J'aimerais tous nous réunir à la mer… Parce qu'on se sent toujours comme en famille quand on est proche d'elle…

— Oh, c'est une super idée…

— Oui… Mais elle n'est pas de moi… Ou peut-être que si… Tu m'excuses un instant, Maddy… Je reviens.

Je me lève et rejoins Simone pour l'enlacer. Cette octogénaire fantasque a libéré une part de mon être que je n'avais pas encore rencontrée. Plus en accord avec moi-même.

— Je voulais vous remercier, Simone, lui glissé-je à l'oreille.

— Oh ! mais je vous en prie, charmante Camille. Je me suis bien amusée à jouer les Mata Hari…

— Oui, je n'en doute pas, fais-je en souriant. Mais surtout… merci pour le reste…

De ses petits yeux tendres et profonds, elle m'enveloppe d'intensité et me serre fort la main. Simone comprend. D'une longue vie riche d'expériences, elle saisit les choses… au-delà.

— Je vous aime vraiment beaucoup, vous savez…

— Mais j'espère bien, mon enfant, sans quoi je souffrirais d'un amour à sens unique. À mon âge ce serait bien trop triste, conclut-elle d'un clin d'œil.

Gaëlle et Alice interviennent pour nous proposer une bolée de cidre. Je photographie la scène comme si l'objectif d'un appareil s'interposait entre mon œil et ces gens que j'aime. Et le cliché de ce moment heureux s'imprime dans ma mémoire. Aujourd'hui j'en suis certaine, mon non-mariage sera la plus belle cérémonie d'amour qui soit.

32

Depuis maintenant plus de deux mois, l'air de l'immeuble s'est purifié. Et, croyez-le ou non, Françoise Bergeoise fait profil bas. Elle est devenue la discrétion incarnée. Durant plusieurs semaines, autour de la loge du gardien ou en attendant l'ascenseur, la démission de la présidente a été le sujet de discussion privilégié des résidents. Un matin, dans le hall, j'ai même longuement refait mon lacet de chaussure pour écouter discrètement les commérages entre voisins (alors que j'avais des baskets à scratch) ! Un locataire d'une cinquantaine d'années s'épanchait sur ce qu'il qualifiait de « meilleure nouvelle de l'année ». L'homme en voulait toujours à Bergeoise d'avoir prétendu que les gouttes de pluie dans le couloir étaient le résultat de son chien incontinent et mal éduqué !

Puis, au fur et à mesure des jours, progressivement, les gens ont délaissé le scoop et sont passés à autre chose, tout comme moi.

Et me voici depuis deux semaines toute à mes préparations de festivités. Pour ma cérémonie, nous avons décidé que la célébration aurait lieu en Bretagne. Dans le jardin de la grand-mère d'Ewen. Face à la mer… Tous mes proches seront présents et mes belles-sœurs ont même trouvé l'idée « délicieusement originale ». J'attends d'ailleurs de recevoir mes marque-places imprimés lierres et fleurs des champs. Arrivée dans ma boîte aux lettres, au milieu des prospectus, une pochette kraft attire aussitôt mon attention. Mon adresse a été rédigée à la main et je m'empresse de regagner mon appartement pour découvrir son contenu. À l'intérieur, j'y trouve une lettre manuscrite, une petite boîte noire ainsi qu'une enveloppe. Serait-ce un cadeau de non-mariage ? Je commence ma lecture, enthousiaste.

Bonjour Camille,

Je m'appelle Christine, je suis la fille de Simone… Elle m'a beaucoup parlé de vous ces derniers temps et m'a même raconté votre escapade en Angleterre et les raisons de cette visite. Je vous le précise, car sachez que j'ai également contacté John. Ces deux derniers mois, maman s'est beaucoup affaiblie, la faute à un cancer qui a refait surface. Elle s'était battue contre la maladie il y a quelques années, mais cette fois, elle a refusé catégoriquement de reprendre le chemin des hôpitaux. Si vous avez partagé quelques moments avec elle, vous comprenez comme ma mère pouvait être entêtée. Sachez qu'elle a été entourée jusqu'au bout, j'ai veillé sur elle jusqu'à son dernier souffle. Elle est partie aimée et c'est tout ce qu'elle souhaitait. Dans ses dernières volontés, maman a insisté pour que je vous prévienne plusieurs jours après son grand départ… Pas avant, pas pendant…

Vous trouverez une lettre de sa part ainsi qu'un petit cadeau. Elle a insisté pour que vous commenciez par lire ses mots. Je vous transmets donc sa demande.

Merci d'avoir égayé sa vie.

Bien à vous

Christine.

Mes mains tremblent et mon souffle est coupé. Je peine à comprendre ce que je viens de lire. Je m'y reprends plusieurs fois pour réussir à ouvrir l'enveloppe beige et carrée sur laquelle mon prénom est inscrit de cette belle écriture, comme calligraphiée.

Chère Camille,

Voici donc notre dernier échange mais ne soyez pas triste, surtout pas. Je vais bien. Je suis assurément libre et peut-être même qu'à l'heure où vous lisez cette lettre, je vous regarde en sirotant un peu de Schnaps à la pêche. Je suis partie, mais je ne m'étalerai pas sur les raisons. La maladie emporte les gens, c'est aussi cruel que banal. L'important n'est jamais de s'éterniser sur le pourquoi de la mort… À cela, j'ai toujours préféré la reconnaissance et le bonheur de vivre… Et en vie, vous l'êtes. Et je vous souhaite d'en profiter pleinement… De moins redouter la peur au profit de la prise de risque, de ne pas laisser la tristesse ou les inquiétudes vous détourner du seul objectif qui compte, celui d'être heureuse. Et, pour trouver le bonheur, il faut parfois de l'impertinence, de l'audace et même du courage. Osez être la femme qui vous semble juste et vraie. Changez quand cela vous semble nécessaire. Soyez vous-même au gré de vos battements de cœur. N'acceptez pas de suffoquer, mais respirez toujours à pleins poumons. Et aimez… N'oubliez jamais d'aimer.

Merci de m'avoir apporté ces dernières semaines mon lot de joie, de rire et mes retrouvailles avec John. Vous avez été mon porte-bonheur. Où peut-être est-ce moi qui vous ai choisie en tant que tel ? Savourez votre union, celle que vous avez créée, et soyez assurée que je ne serai pas loin le jour J.

Avec toute ma bienveillance,
Simone.

P.-S. : Permettez-moi un denier cadeau, je ne pouvais pas faire autrement.

Sous le choc, je me saisis de la petite boîte et l'ouvre. Je me surprends à éclater de rire. Simone m'a légué son dentier… Cette femme aura réussi à me surprendre jusqu'au bout. Alors que je m'apprête à reposer le coffret, je m'aperçois qu'il a un double fond. Je soulève la partie intermédiaire et aussitôt mes larmes se répandent. À l'intérieur, sa broche, le chérubin qui tient dans sa main une étoile. Celui qui apporte la lumière. Simone m'a offert le plus beau des derniers cadeaux. Avec son départ, je ne peux m'empêcher de penser qu'un ange est arrivé au ciel mais qu'il continue ici-bas d'illuminer de son halo les instants précieux.

Je suis aussi triste qu'émue, mais je tiens à lui faire honneur. Alors malgré mon cœur brisé, je respire profondément et je souris. Au revoir, Simone. Ce fut un honneur de croiser votre route… Et de frôler la crise cardiaque en vous découvrant sur ma banquette arrière…

33

— Est-ce que ça ne fait pas trop couronne funéraire ?

— Mais tu plaisantes, Camille ?! C'est magnifique ! me répond ma mère.

Dans la chambre de la grand-mère d'Ewen, j'observe mon reflet dans le miroir de la coiffeuse. Je porte un diadème composé de jolies fleurs champêtres. Pour une union, j'ai toujours trouvé que le look bohème romantique était ravissant. En me découvrant habillée de pied en cape avec ma robe en dentelle rose poudré et mes sandales à brides, quelque chose me chiffonne. Je souris. J'ai raillé le thème de mariage de ma mère pour son choix inesthétique et peu « convenable » pourtant, de mon côté, et bien que plus photogénique, je me suis engouffrée dans un cliché tout droit sorti de Pinterest.

— Je sais ce qu'il faudrait…

J'ôte mes chaussures et enfile ma paire de Converse semi-montantes préférée.

— C'est mieux non ?

— Oh ! Mais c'était si joli avec les talons…

— Maman, dois-je te rappeler que tu t'es mariée en Caroline Ingalls ? lui fais-je avec affection. Et puis aujourd'hui, justement, ce n'est pas un mariage…

Ma mère me regarde avec perplexité. Elle saisit mal le principe de non-légalisation de ma relation avec Ewen. Appréhender cette journée comme un simple symbole est compliqué pour elle. Ce qui m'interpelle d'autant plus venant d'une femme qui a choisi, comme une évidence, d'arriver en brouette à la mairie… ! Mais elle m'aime, alors elle se contente d'incliner légèrement la tête et de plisser les yeux avec bienveillance.

— Tu as raison… Ta tenue est parfaite comme ça.

Maddy intervient en entrant dans la chambre.

— Ma patate, c'est pour te dire que ton patron et sa femme sont arrivés.

— Yvon et Carole sont là ? Formidable…

Je jette un coup d'œil par la fenêtre. Tous nos invités discutent dans le jardin. Pour l'occasion, nous avons disposé des chaises dépareillées mais indispensables pour les plus anciens, et quelques nappes au sol avec des coussins pour les plus fringants. En ce mois d'août, le soleil breton nous accompagne et la vue sur l'océan est magique.

— Bon, c'est l'heure pour moi de descendre…

Au moment de sortir de la chambre, je reconnais bien volontiers que je suis nerveuse. Ce n'est pas un mariage certes, mais c'est tout de même un peu plus qu'un barbecue entre amis… C'est… singulier mais en accord. Avant de quitter les lieux, j'accroche la broche de Simone près de mon cœur.

Une fois à l'extérieur, l'odeur des crêpes me chatouille délicieusement les narines. Les parents d'Ewen ont insisté pour nous préparer leurs fameuses galettes bretonnes et je dois lutter pour refuser d'y succomber. Si j'accepte d'avoir aux pieds des Converse un peu vieillies, je refuse que mon petit ami me découvre les doigts graisseux, pleins de beurre fondu et des filaments d'emmental autour de la bouche. Je ne l'ai d'ailleurs pas revu depuis deux heures. Et c'est en entendant les premières notes d'une de mes chansons préférées que je le découvre. Il arrive accompagné de deux de ses amis dont l'un tient une petite enceinte portative. *I Just Called to Say I Love You* de Stevie Wonder embellit davantage encore mon petit ami, plus beau que jamais dans sa chemise blanche simple et seyante. Sourire aux lèvres, il me rejoint et me fait tourner sur moi-même.

Et, face à l'assemblée, je reçois la plus jolie des déclarations.

— Merci à vous d'être là pour cette journée qui n'a rien de classique mais qui ressemble à notre histoire et à la femme que j'aime. Quand je l'ai rencontrée pour la première fois, elle était habillée d'un bas de pyjama et je crois que ses cheveux n'avaient pas croisé un peigne depuis quelques jours. Son cœur était encore ailleurs, et la seule chose que je pouvais lui offrir c'était un café et quelques tartines à la confiture... Elle avait le moral dans les chaussettes mais son estomac, lui, allait bien...

Nos invités gloussent et force est de reconnaître que les petits-déjeuners pris au bar d'Ewen ont fait partie de ma thérapie post-rupture[1].

— Mais je pressentais déjà qu'elle était riche de fantaisie, je n'avais juste pas encore saisi à quel point… Camille, je t'aime pour ce que tu es, simplement. Dans tes failles et tes paradoxes, tes lubies et ta maladresse, ton originalité qui te dépasse… Et je suis heureux de pouvoir partager tous ces moments de vie avec toi…

— Uuhhhh…

La surprise que je lis dans les yeux de mon amoureux me confirme que je n'ai pas répondu avec des mots mais par un petit son strident. L'émotion n'est pas toujours compatible avec l'expression verbale. Je me ressaisis.

— Ewen, je t'aime pour un tas de raisons… Je pense sincèrement qu'un rouleau de tapisserie entier ne suffirait pas à toutes les écrire. Mais qui donc aurait l'idée d'écrire sur un rouleau de tapisserie de toute façon… ? Alors je dirai que la raison la plus juste est sans doute que mon cœur ne s'y trompe pas. Je n'ai pas de doute… Merci d'être à mes côtés… Simplement…

Un « poum » joyeux vient conclure ce moment et je sursaute. C'est Yvon qui a ouvert une bouteille de champagne.

— Aux amoureux !

Mon sourire a décidé de ne plus quitter mon visage.

1. Cf. *Rupture, tarot et confiture*, chez le même éditeur.

Ce n'est peut-être pas un mariage, mais la joie du moment est la même.

I just called to say I love you.
J'ai simplement appelé pour te dire je t'aime.
I just called to say how much I care.
J'ai simplement appelé pour te dire combien je me [soucie de toi.
I just called to say I love you.
J'ai simplement appelé pour te dire je t'aime.
And I mean it from the bottom of my heart.
Et je l'ai dit du fin fond de mon cœur.

Pendant que nos proches se servent une coupe, la chanson continue de dorloter mes oreilles. J'observe la mer à l'horizon et remarque une mouette posée sur le petit muret en pierre qui délimite le jardin familial. J'ai un mouvement de recul tant ma dernière rencontre avec cette espèce de volatile m'a traumatisée. Mais elle semble tranquille. Elle me fixe longuement puis finit par prendre son envol au moment où un rayon de soleil me caresse la joue. Alors mon cœur s'accélère. Une intuition saisissante. Je pose aussitôt la main sur l'ange accroché à mon cœur. Tiens, tiens… Je crois bien que ma dernière invitée était présente à mes côtés, comme promis…

Vous aviez raison, Simone. Il ne faut pas oublier d'aimer. Aujourd'hui, je suis unie à quelqu'un et pourtant je ne me suis jamais sentie aussi libre…

Un mot de fin pour vous remercier d'avoir à nouveau partagé les frasques et les fantaisies de Camille. J'adresse également une pensée à mes chères voisines à la retraite. Certains lecteurs me connaissant notamment à travers mon compte Instagram @celineholynski, auront certainement relevé quelques passages issus de faits réels. Mais comme disait Lavoisier « Rien ne se perd, rien ne se crée, tout se transforme », alors merci à elles de m'avoir tant inspiré.

Je vous souhaite des moments de joie et de rire aussi libérateurs que l'envol d'une mouette facétieuse.

À bientôt et qui sait si Camille ne prépare pas déjà son départ pour de nouvelles aventures…

Céline Holynski

Composition et mise en pages
Nord Compo à Villeneuve-d'Ascq

PAPIER À BASE DE FIBRES CERTIFIÉES

LAROUSSE s'engage pour l'environnement en réduisant l'empreinte carbone de ses livres. Celle de cet exemplaire est de :
800 g éq. CO_2
Rendez-vous sur www.larousse-durable.fr

Achevé d'imprimer en Italie
Par Grafica Veneta SPA
Dépôt légal : avril 2021
326573/01 – 11044951 – mars 2021